L'IDEE.

Späte Nacht in einem französischen restaurant *in Norddeutschland. Aus den Lautsprecherboxen klingt leise* „La Mer" *von Charles Trenet. Hochgestellte Stühle. Schummrige Beleuchtung. Schneeregen fällt gegen die schwarzen Fensterscheiben.*

Der Wirt Boris Krivec, der Koch Stephan Hippe sowie drei Gäste sitzen vor fünf leeren Flaschen eines Côtes de Provence. *Plötzlich durchbricht der Wirt mit einem leidenschaftlichen Aufruf die besinnliche Stille.*

Boris Krivec, *enthusiastisch:* „Zut alors! Man müsste aus unseren Frankreich-Geschichten endlich mal ein Buch machen!"

Stephan Hippe, *wie aus süßen Träumen erwacht:* „Mmmh ... Aber mit all meinen Rezepten, n'est-ce pas! Es sind circa 73!"

Die Gäste, *wie aus einem Mund:* „Bon! Dann werden wir uns mal etwas Schönes für euch ausdenken."

Die drei Gäste verlassen eilig das restaurant.

Vorhang auf!

TEXT: JUDITH STOLETZKY
FOTOS: GERD GEORGE
REZEPTE: STEPHAN HIPPE
ARTDIRECTION: URSULA RITTER
INITIATIVE UND IMPULSE: BORIS KRIVEC
STYLING: ELKE RÜSS

Hier kann man ganz präzise sehen, warum es von einem ordentlichen Durcheinander immer heißt, es sei schön.

bordel, *m fig. pop.*
Durcheinander, *n fig. ugs.*

ALors, eigentlich wollten wir Ihnen nur rasch berichten, weshalb ausgerechnet an der grauen Waterkant von Hamburg-Ottensen jetzt nicht nur einfach südfranzösisch gekocht wird, sondern genau das, was Picassos italienisch-französische Haushälterin Inès ihrem Pablo aufzutischen pflegte – vornehmlich an der *Côte d'Azur.* Doch auf dem Weg zum Anfang dieser Geschichte, nach *Mougins* im *Département des Alpes-Maritimes,* fand sich in jeder Steilkurve über der blauen Küste eine charmante Abzweigung oder eine *pittoresque* Nebenstrecke, an der eine weitere erstaunliche Geschichte im Schatten einer alten Pinie saß und gelassen darauf wartete, endlich erzählt zu werden. Andere Geschichten dösten, schon ein wenig vergilbt, in einer Schachtel in einer Schachtel in einer Schachtel mit Fotografien, *billets* und Rezepten vor sich hin oder versteckten sich, weil sie vorsichtshalber lieber verschwiegen worden wären, denn wer hat schon gern Ärger mit der *mafia?* In diesem Buch wird also nicht nur provenzalisch gekocht, sondern es wird weit ausgeholt – und dabei geraten Zeiten, Orte und manchmal sogar die Gerichte etwas durcheinander.

Wir nehmen Sie mit zur französischen *résidence* der Windsors und zu einem Gelage bei Christian Dior. Sie dürfen beim Umzug der Habseligkeiten von Picassos Pariser *atelier* aufs Land mit anpacken und Sie werden bei einem Autorennen vor grandioser Kulisse grandios scheitern. Nehmen Sie aber bitte bloß nicht an, dass alles, was hier erzählt wird, passiert sei. Noch dazu genau so. Unser Bericht ist garantiert unvollständig. Es ist sicher das eine oder andere vergessen oder übersehen worden, manches sogar frech geschönt oder unverschämterweise frei erfunden. Weil es jedoch hübsch wäre, wenn die Dinge sich so wie erzählt zugetragen hätten, und weil davon auszugehen ist, dass (was immer auch tatsächlich geschehen sein mag) stets gut dabei gegessen und auch getrunken wurde, erzählen wir die Dinge eben so. Unter Verwendung sehr gut abgehangener Erinnerungen der

Menschen, die einige Geschichten selbst erlebt haben, und anderer Geschichten, die man jenen erzählt hat, die sie uns erzählt haben.

Die Erinnerung ist bekanntlich oft noch einfallsreicher als die Realität und im Kopf des Zuhörers nehmen die Geschehnisse zuweilen eine neue Gestalt an. *C'est formidable!* Das kann einem doch gut gefallen – vorausgesetzt, man nimmt es mit den bloßen Fakten nicht so streng, sondern mag das Durcheinander des Lebens und die Geschichten, die es sich ausdenkt. Und, mal unter uns Feingeistern, ist das, woran man sich erinnert, das, was man sich vorstellt, und das, was man träumt, nicht ebenfalls wahr? Dieser Gedanke begründete schließlich einen epochemachenden Stil. Doch nicht nur die Surrealisten, auch die Seelenforscher wissen von verschiedenen Realitäten ein unterhaltsames Liedchen zu singen und die Philosophen haben Wahrheitstheorien in stattlicher Zahl erfunden. Die Tatsachenberichte in diesem Buch sind zugegebenermaßen mit Vermutungen, Geraune, Gerüchten und Übertreibungen gewürzt und werden ganz nach Art des Hauses in dem berühmten Licht der *Côte d'Azur* serviert, das, gleißend wie es ist, allerhand im Dunklen lässt. Aber Hauptsache, die Anekdoten sind köstlich! Schließlich handelt es sich hier ja um ein Kochbuch, *Mesdames et Messieurs,* das wollen wir doch bitte nicht vergessen!

Dieses Buch wurde nach allen und gegen alle Regeln vieler Künste zubereitet, mit allem, was man für ein nahrhaftes Kochbuch außer guten Rezepten sonst noch braucht: Fantasie, Glück, einen Lkw mit 17 Kubikmetern Requisiten und zwei *mousquetaires,* die sie schadenfrei über die Alpen schaukeln. Außerdem zwei mobile Kochplatten, einen Tapeziertisch und einen Grill sowie das feste Vertrauen, auch mitten in einem Lavendelfeld, zwischen Strandkieseln oder in einem einsturzgefährdeten italienischen *palazzo* einen Stromanschluss zu finden. Ebenfalls unerlässlich ist der unerschütterliche

Glaube daran, dass ein Salatblatt bei 40 Grad im Schatten straff bleibt – aus lauter Freude an der Aussicht, in einem Buch verewigt zu werden. Man braucht einen Melonenverleih und erstklassige Verbindungen zu allen Wetter-, Parkplatz- und Zündkerzengöttern. Hat man das alles beisammen, nehme man ferner einen Verleger, der zwar schreckliche Angst vor diesem Buch hat, darin aber keinen Grund sieht, es nicht zu verlegen.

Dann nehme man, wenn das gedankliche und logistische *mise en place* halbwegs erledigt ist, zwei extraheiße Wochen während der Höchst*saison* im *année* 2012, zwei eigensinnige *restaurant*betreiber und ihren Jungkoch, eine detailverliebte Art-Direktorin, einen tollkühnen Fotografen, eine maßlose Stylistin und eine bilderversessene Texterin, die versucht, das herrliche Durcheinander einigermaßen ordentlich aufzuschreiben, denn von nackten Rezepten allein wird ein Mensch, der fünf Sinne beisammenhat, ja nicht satt. *N'est-ce pas?*

Bei der recherche *stießen wir auf einen erstaunlichen Entwurf des großen Feinschmeckers Dior für einen Hut aus Shantung-Seide und gereiftem* brie, *den eigens für dieses Buch anzufertigen wir uns erlaubt haben.*

Les histoires

Savoir survivre*

* Die Kunst zu überleben

Das Kapitel, in welchem man den Südfranzosen Nicolas Polverino und seine südfranzösische Frau Jany kennenlernt, die in ihrem Leben viel gemacht haben – und versehentlich alles richtig. Man lernt die Norddeutschen Boris Krivec und Stephan Hippe kennen, die in ihrem Leben ebenfalls viel gemacht haben, um dann etwas ganz anderes zu tun. Man lernt, dass die hohe Kunst, die Anzahl der Sonnenstunden in Hamburg zu verdreifachen, ganz und gar nicht brotlos ist, sondern dass dabei auch ein saftiges bœuf à la mode *mit einem schönen Glas Wein dazu rausspringen kann. Es wird der Hut vor der* Haute Cuisine *gelüpft (aber nur ganz kurz). Man entwickelt eine neue* formule *für* la vie quotidienne. *Man hat Sehnsucht nach dem blauen Meer und Sehnsucht nach weniger Theater. Man verlegt Lebensmittelpunkte, Haustürschlüssel und Abwasserrohre. Man erfährt, warum man auch dann ans Ziel gelangt, wenn man keines hat, und worauf es im Leben und in der Kocherei ankommt.*

Mon Dieu! Diese Berufenen! Sehr anstrengende Zeitgenossen. Diese Köche, die mit einer Mission geboren wurden. Die an nichts als ans Kochen denken. Die mit heiligem Ernst und unerbittlicher Strenge an ihrer Kunst arbeiten und ihre Gäste mit jeder Kreation zu indoktrinieren versuchen. An ihrer Tafel sind Hunger und Durst, das Bedürfnis nach Sättigung und pralle Lebensfreude ein *faux-pas.* Die *restaurants* dieser Köche sind Kirchen, Essen ist Gottesdienst. Es darf bloß geflüstert werden. *Extase* hingegen ist erlaubt. Stille *extase* jedenfalls. Zum Himmel verdrehte Augen werden gern gesehen, Seufzer sind willkommen. Diese Köche erwarten von ihren Jüngern demütigende Jahre des Wartens auf einen Tisch und mühsame Pilgerreisen über die Kontinente hinweg, um ihrer Kunst huldigen zu lassen. Vor allem in Frankreich, diesem Land, das sich vielleicht nur deshalb zu gastronomischen Höhen aufgeschwungen hat, weil es der Welt beweisen musste, das Kochen wirklich nicht von den Italienern abgeguckt zu haben. Die Hauben französischer Köche sind höher, als es die Kronen französischer Könige je waren. Möglicherweise, um den eingebildeten Heiligenschein darunter vor skeptischen Blicken zu schützen. Ja, solche Köche gibt's.

Es gibt aber auch Köche, die nicht aus Berufung kochen, sondern die diesen Beruf ausüben. Deren Lebensläufe zu den Töpfen hin mäandern. Manchmal unter- und manchmal oberirdisch verlaufen, die mal viel, mal wenig Wasser führen, die sich verzweigen oder mit anderen Lebensläufen vereinigen. Diese Köche eröffnen *restaurants* aus einem ganz irdischen Grund: Sie müssen sich und die Ihren ernähren. Herrgott, ja, natürlich auch die Gäste. Wenn es denn sein muss! Das klingt zwar ein klein wenig bockig, doch weil man ja nun mal nur einmal lebt, sollen nach Möglichkeit alle Beteiligten auch noch Spaß an dieser Überlebensstrategie haben.

Zwei Vertreter der eben beschriebenen Spezies halten dieses Buch wie zwei Deckel zusammen. Auf der einen

Seite der Schauspieler, Tänzer und Sänger Stephan Hippe und sein Lebensgefährte Dr. jur. Boris Krivec, einst mit gut gehender Kanzlei in Hamburg. Die beiden beschlossen im Jahr 2004, ihr Leben zu ändern, auf dass es lustiger und das menschliche Umfeld angenehmer werde. Denn Leute, die unbedingt Recht haben wollen, sind ja recht unangenehme Zeitgenossen. Und dieses Völkchen von in aller Regel narzisstisch etwas versehrten darstellenden Künstlern, so viel Küchenpsychologie sei erlaubt, kann mitunter auch eine anstrengende Nummer sein. Auf der anderen Seite, hinter den Alpen und einem Berg Papier, steht Nicolas Polverino aus *Mougins* im *Département des Alpes Maritimes.* Er war in seinem Leben so allerhand: Tonmeister beim Film, Skilehrer, Schornsteinfeger. Er war Klempner und Klempnerboss von einem Betrieb mit 80 Angestellten, bis das Leben einmal mehr beschloss, ihn zu verändern, und aus dem Klempner einen Koch machte. Damit hat das Buch den zweiten Deckel. Zwischen den Buchdeckeln kreuzten sich vor zwei Jahrzehnten die Wege des Franzosen und der Deutschen im *restaurant Le Fournil* von Nicolas und Jany in *Mougins.* Im Herzen längst Provenzalen, werden Stephan und Boris, Nicolas und seine Frau Jany Freunde. Aus Freundschaft wird Wahlfamilie, man sieht sich oft und lange und da und dort. Dabei erzählt Nicolas so *en passant* all die Geschichten um eine Familie, um *une dynastie de domestiques,* die nun zwischen diesen beiden Buchdeckeln stecken, weil sich auch in der Hamburger *Brasserie La Provence* Schicksale kreuzen, weil auch dort Freundschaften geschlossen, Geschichten erzählt und Ideen geboren werden …

Wenden wir uns zeitlich nun nach vorn: Stephan weiß zur Wende des Jahrtausends, dass auch er eine neue Ära einläuten muss, obwohl Veränderungen nicht zu seinen Lieblingslebensumständen gehören. Doch die Schauspielerei ernährte weder Leib noch Seele in befriedigender Weise. Boris sitzt derweil recht *confortable* und hübsch beschlipst in seiner Hamburger Anwaltskanzlei. Er kann sein Leben ändern, er muss nicht. Aber wahre Liebe macht die Pläne von Menschen ja elastisch. Mit Nicolas' Hilfe hat man inzwischen ein zweites Zuhause mit *terrasse* in *Grasse* gefunden, sieht an klaren Tagen einen Zipfel vom sehr blauen Meer und ist noch häufiger in Südfrankreich als schon das ganze Leben. Und eines Tages wird Stephan um einen Praktikumsplatz in Nicolas' Küche vorstellig. Nicht wegen des Kochens im Besonderen, sondern wegen des *vie gastronomique* im Allgemeinen, an dem er und Boris großen Geschmack gefunden haben. So großen, dass sie *appétit* darauf bekommen, zwecks zukünftigen Broterwerbs selbst ein *restaurant* zu führen. Zum Essen haben Stephan und Boris ein eher entspanntes Verhältnis. Dass es gut schmecken muss, ist selbstverständlich. Aber allzu großes Theater (!) will jedoch besonders Stephan, der werdende Küchenchef, darum nicht machen. In einem *restaurant* geht es schließlich um etwas anderes – es geht darum, gern Gäste und eine gute Zeit zu haben. Und dafür möchten Boris und Stephan die einfache, klassische provenzalische Sonnenküche, selbst entdeckte Weine von selbst entdeckten *châteaux* der *région* und vor allem das Licht und die Wärme der *Côte d'Azur* an die *Côte du Gris* bringen. Und das machen sie dann auch. Sind davon vor lauter Arbeit zunächst sehr dünn geworden, dann wieder dicker und schon die ganze Zeit glücklicher als je zuvor.

Nicolas' und Janys *restaurant Le Fournil* beherbergt inzwischen eine *galerie,* nur eine von Hunderten in *Mougins,* die schreckliche Kunst mit in Öl gemalten Teddybärchen, die Sportwagen fahren und dabei breitkrempige Hüte tragen, präsentiert. Außer Nicolas und Jany gibt es nur noch wenige *Mouginoix,* die tatsächlich auch in *Mougins* leben. Die einstige Sarazenenfestung ist fest in den Händen von Ausländern, Touristen und Immobilienmaklern, wird dreimal täglich gefegt, poliert und gepudert, sodass das Dorf so dermaßen provenzalisch aussieht, als sei es von Walt Disney erfunden. Es gibt mehr als 40 *restaurants* und einmal im Jahr feiert die Sterne*gastronomie* sich selbst mit dem *festival „Les Étoiles de Mougins"*. Manchmal kommen Nicolas und Jany zu Stephan und Boris nach Hamburg. Erstaunlicherweise tun sie das beherzt sogar im rauen norddeutschen Winter, in dem sie die Erfahrung machen dürfen, dass ein Zentimeter Schnee hier nicht gleich bedeutet, dass man zu Hause bleiben muss. So können sie sogar mit dem Auto nach Berlin in die Sammlung Berggrün fahren und alte, von Picasso gemalte Bekannte besuchen, die dort in großer Zahl an den Wänden hängen. Am Abend trinken sie in der *Brasserie La Provence* einen schönen *rosé* von den *Vignerons de Taradeau*, essen *bourride* und *légumes farcis, bœuf à la mode,* Kaninchenkeule oder *pasta pistou.* Beispielsweise.

Nicolas Polverino

Jany Polverino

Stephan Hippe

Boris Krivec

La vie est PRESQUE BELLE*

* Das Leben ist beinahe schön.

Das Kapitel, hinter dem am Tag seiner Entstehung 82 Jahre liegen, in dem Krieg ist und wieder Frieden, in dem man heiratet oder sich trennt. Es sind Dienerinnen an der Macht, Väter trinken und Mütter arbeiten zu viel. Der Dichter Jacques Prévert erschreckt einen kleinen Jesuitenschüler mit nächtlichem Schabernack. Picasso zuerschreckt das Kind noch mehr mit dem Versuch, ihm den Kubismus zu erklären. Nazis werden von einem ganzen Dorf an der Nase herumgeführt und Designgeschichte wird geschrieben. Ein junger Mann aus der Provinz geht hungrig nach Paris, *macht sich über Professor Sartre lustig, bekommt eine Eintrittskarte in die französische Filmindustrie und kehrt hungrig heim. Man trägt Latzhosen und* Haute Couture, restaurants *werden zugemacht und wieder auf. Es wird mit Sternen gekocht und mit Liebe, am Ende auch nur mit Wasser, aber immer gut.*

Nicolas Polverino kommt im Jahr 1931 im Haus seiner Großeltern in *Mougins* zur Welt und denkt sich gleich: „Mon Dieu, *wo bin ich denn hier hingeraten? Wieso riecht denn das so gut? Und wer sind all die schönen Frauen?*" Denn es ist anzunehmen, dass sich neben seiner Mutter Jeanne auch deren drei schöne Schwestern Inès, Marinette und Alfa, eine schöner als die andere, verzückt über sein Körbchen beugen. Vielleicht denkt Nicolas aber auch nach Art italienischer Bubenbabys: *„Mamma mia!"* Schließlich fließt in seinen Adern italienisches Blut – und was für welches! Das Wahrscheinlichste aber ist, dass er denkt: *„Kohldampf!"* Diese frühe existenzielle Erfahrung sollte später einmal Nicolas' Existenz und die vieler anderer sichern, aber auch Gästen und Freunden so manchen Abend retten, da er die Familientradition des Kochens, um davon zu leben, fortsetzen wird. Aber bis dahin soll der kleine Polverino, der übrigens sehr niedlich ist, noch das eine oder andere Dringende zu erledigen haben. Auf den verschiedensten, dem Kochen eher fernen Gebieten. Aber gegessen wird ja immer, dazu muss man kein Koch sein. Und deshalb muss der verehrte Leser sich um den zwingenden Zusammenhang in dieser ausschweifenden Plauderei nicht sorgen.

Im Jesuiten*collège l'École St. Philippe* in *Antibes,* in das Nicolas mit vier Jahren und für neun lange Jahre zum Zwecke seiner Erziehung und sicheren Aufbewahrung geschickt wird, gefällt es ihm nicht sonderlich – der dauernden Beterei, des schlechten Essens und der vielen Regeln wegen. Jetzt schon mal Gehorsam üben. Später dann Armut und Ehelosigkeit. Was sind das denn für Aussichten für jemanden, dem eine so verheißungsvolle Mischung aus *dolce vita* (väterlicherseits) und *savoir-vivre* (mütterlicherseits) in die Wiege gelegt wurde? Der erwachsene Nicolas sagt, bei den Jesuiten habe er vor allem eines gelernt: nicht zu glauben – es sei denn an sich selbst. Doch was sollte Mutter Jeanne Polverino tun? Das Kind ist klein. Sämtliche weiblichen Familien-

LES PIERRES

Sein Leben lang einer einzigen Berufung zu folgen ist keine schöne Vorstellung. Wie schön hingegen die Realität mit mehreren Berufen aussieht, sieht man hier.

mitglieder rackern. Auch Großmama Adeline Odorici ist sehr beschäftigt. Sie kocht in der *Villa Antonia* in *Mougins* und sie ist im Übrigen die Frau, von der alle in der Familie das Kochen gelernt haben. Nicolas' Vater gibt sich unterdessen unter grober Vernachlässigung seiner väterlichen, ehelichen, häuslichen, moralischen und finanziellen Pflichten strammen kommunistischen Idealen, den Reizen strammer Weiber und denen der provenzalischen Weine hin. Ergo setzt seine *épouse* Jeanne ihn, obwohl sie ihn leidenschaftlich liebt und geradezu anbetet, zwei- bis dreimal pro Woche vor die Tür. Das erledigt sie immer zügig, für große Szenen hat sie keine Zeit, denn auch sie hat alle Hände voll zu tun. Sie muss schließlich für den Lebensunterhalt sorgen. Also kümmert sich Tante Inès, damals noch *Mademoiselle* Odorici, um den Kleinen. Sie arbeitet in *Antibes* in der *Villa Mer et Montagne* bei einem relativ berühmten Künstler. An freien Nachmittagen geht sie manchmal mit dem etwas alleingelassenen Jungen Eis essen, was die Jesuiten nicht wissen dürfen. Einmal nimmt sie ihn über Nacht mit in das Haus dieses unfreundlichen, egozentrischen Kerls mit dem stechenden Blick, dessen Haushalt sie führt. Das tut sie, seitdem dieser mal mit seiner freundlichen Freundin Dora Maar in *Mougins* im *Hôtel Vaste Horizon* logiert, sich in den Ort verliebt und dort gut gegessen hat. Außerdem hat er flegelhafterweise die Wände seines Zimmers ausführlich bemalt. Später soll der Besitzer des Hotels sich sehr gegrämt haben, dass er diesen Maler dazu zwang, bewusstes Zimmer wieder zu weißeln, denn dieser Maler war Picasso. Zu dieser Zeit haben Inès und ihre Schwester Marinette – die in der Literatur gern die italienischen Schwestern heißen – im *Hôtel Vaste Horizon* als Zimmermädchen gearbeitet. Dora Maar, die äußerst selbstlose Geliebte Picassos, hat die beiden auf Wunsch des von den Mädchen Bezauberten überredet, mit ihnen nach *Paris* zu kommen. Marinette hält das Leben mit Picasso nur ein paar Wochen aus, Inès sollte 37 Jahre bei ihm bleiben, bis zu seinem Tod. In *Paris* lebt sie mit ihrem Sohn Gerard und ihrem

Mann Gustave Sassier neben Picassos *atelier* in der *Rue des Grands Augustins* und nachdem er schließlich nach Südfrankreich übersiedelte, ist sie stets während der Sommermonate in seinen wechselnden Domizilen anwesend. Gemalt hat er sie auch. Mindestens einmal im Jahr, zu ihrem Geburtstag.

Nicolas jedenfalls geht es wie seiner Tante Marinette. Dieser Pablo Picasso gefällt ihm nicht besonders. Und was dachten sich er, dieser blöde Jacques Prévert und dieser seltsame Paul Éluard bloß dabei, einen unschuldigen, kleinen Knaben aus dem Schlaf zu schrecken, indem sie ihre alten Köpfe kichernd durch die Tür zum täntlichen Schlafgemach steckten? Picasso findet es wohl auch sehr lustig, dem Jungen jetzt jedes Mal, wenn sie sich sehen, zu sagen: *„Siehst du, ich bin gar kein Phantom."* Éluard und Prévert, diese doofen Dichter, finden das immer brüllkomisch. Nicolas nicht, denn was ist denn, bitte, ein Phantom? Um Nachhilfe in Kubismus aus erster Hand hatte Nicolas auch nicht gebeten, er kam aber nicht drumherum. Jedenfalls sei Ihnen hier verraten, wie ein kubistisches *portrait* geht – und wir erklären es Ihnen so, wie Picasso es dem damals jungen Mann anhand des Bildnisses von Dora Maar erklärte: Man nehme ein beliebiges Modell und halte einen Spiegel im rechten Winkel in die Mitte seines Gesichts und siehe da: Frontalansicht und Seitenansicht in einem, abmalen, fertig. So einfach geht Kubismus! Nicolas ist allerdings noch immer bockig, weshalb Picasso ihn fortan nur noch *l'homme qui ne comprend rien* nennt – der Mann, der nichts versteht. Womit er sich bei Nicolas auch nicht beliebter macht – berühmter Maler hin oder her.

Auch den anderen Odorici-Frauen scheint es bestimmt zu sein, für Herrschaften mit glitzernden Namen zu arbeiten. Nicolas' Mutter Jeanne kocht zunächst in *Mougins* im Haushalt eines Architekten. Dieser Mann lebt allerdings nicht lange, was jedoch nichts mit Jeannes

In Mougins *pflegen selbst Katzen zweimal täglich mehrgängig zu speisen. Zur Nacht etwas Leichtes. Kaninchen mit Thymian-Senf-*sauce *zum Beispiel.*

Kochkunst zu tun hat, sondern damit, dass aufrechte *Mouginser* Mannen ihn aus einem Hotelfenster werfen, weil er die Partei der Deutschen ergreift. Später arbeitet Jeanne in *Cannes* bei einem Schneider. Der *couture* wird sie die Treue halten, ihrem *couturier* nicht, denn sie steigt kochenderweise in die *Haute Couture* auf und kocht bald für die höchst bemerkenswerten Eheleute Roger und André Vivier, die in *Mougins* ein Haus besitzen. Bei Roger Vivier handelt es sich um den nicht laut genug zu preisenden Erfinder des *stilettos,* dem wir Frauen unseren aufrechten Gang und unsere atemberaubende seitliche *silhouette* verdanken. Dieser Mann entwirft 1930 seinen ersten epochemachenden Schuh, eine spitze, feenhafte Kreation aus Seide mit einem *dessin* des Fauvisten Raoul Dufy. Diesen Schuh gibt es übrigens heute noch beziehungsweise wieder. Wenn Sie mit dem Buch fertig sind und Lust haben, können Sie bei Gelegenheit auf die Website rogervivier.com schlendern. Sie ist einen Spaziergang wert, da sehr *charmant.* Und hübscherweise scheinen sich Roger Viviers Initialen auf der Startseite während des Ladevorgangs langsam mit *Bordeaux* zu füllen. Viviers Werke erlangten zunächst an den Füßen einer zu krönenden Britin Weltruhm (Elizabeth, 1953), später an denen der göttlichen Catherine Deneuve in dem Film „*Belle du Jour*" (1967). Es war ein flacher Schuh mit einer großen silbernen Schnalle und Roger Vivier gab ihm humorvoll den Namen *Pilgrim Pumps* (Pilgerschuh). Heute stehen seine Skulpturen, wie er sie nannte, im *Metropolitan Museum* in *New York,* im *Victoria & Albert* in *London* und im *Le Louvre, naturellement,* im dortigen *Museé du Costume et de la Mode.* In den 50ern wird Vivier der Schuhdesigner von Christian Dior – von ihm wird an geeigneter Stelle noch ausführlicher die Rede sein, denn wir wollen uns hier nicht zu sehr von *la mode* hinreißen lassen, aber ach, es wäre doch nur zu französisch ...

Alors, zurück nach *Mougins,* zu Roger Vivier und seiner Frau, in deren Haushalt Nicolas' Mutter Jeanne tätig war. Die Viviers führen eine kameradschaftliche Ehe, erzählt Nicolas, denn Roger ist, *oh là là!*, homosexuell. Verboten ist das nicht, *non, non, pas du tout,* wer hätte das gedacht? In Frankreich darf man ganz gesetzlich schon seit anno 1791 ausdrücklich schwul sein. Man darf es sogar schon ab 15 Jahren praktizieren. Dennoch: Öffentlich machen will Vivier seine Natur lieber nicht.

Jeanne also kocht im Hause Vivier und es ist Krieg und dann kommen die *boches. Boches* ist eine despektierliche Bezeichnung der Franzosen für die Deutschen. Und wer wollte nicht zustimmen, dass die Deutschen Despektierlichkeit verdient haben – jedenfalls sofern sie Nazis, deren Helfershelfer oder Mitläufer sind. Inzwischen ist es 1943, die Deutschen treiben in Südfrankreich ihr entsetzliches Unwesen, die deutschen Literaten, die vor den Nazis an die *riviera* geflüchtet waren, sind entweder inhaftiert oder deportiert worden oder konnten sich aus ihrem alten in ein neues *exil* retten. Nicolas ist jetzt zwölf und die Jesuitenschule ist endlich aus. Nicolas' Vater ist als Zwangsarbeiter in der *Bouchie.* Er ist in Peenemünde, wo die V2-Rakete gebaut wurde. Doch er kann flüchten, als einer von 1.800 Häftlingen, die die Nazis einen Tunnel durch die Karawanken, das Gebirge an der Grenze zwischen Slowenien und Österreich, graben lassen. Er und ein zweiter Mann, der später einmal der erste französische Chirurg sein wird, der am offenen Herzen operiert, entkommen und sind nach 380 Kilometern Fußmarsch in Sicherheit.

Roger Vivier weilt nach einem kurzen *intermezzo* in der Schlacht seit 1940 ebenso sicher wie erfolgreich in *New York* und indessen macht sich Nicolas im Vivier'schen Haushalt nützlich. Er hilft *Madame* Vivier, ein Menschenleben zu retten! *Madame* André Vivier versteht sich ja aus jahrelanger Übung sehr gut darauf, ihre Umwelt zu täuschen. Im aktuellen Fall hält sie die in Frankreich nach Juden suchenden *boches* gründlich zum Narren. Sie gründet mit dem Einverständnis ihres Mannes eine neue Familie, *la famille Dugard* – mit Nicolas als ihrem Sohn Gérard. Die Rolle des *Monsieur* Dugard übernimmt der auf diese Weise vor dem Tod gerettete Filmproduzent André Aron. Auf der Liste der Filme, die Aron für die legendären *studios de la Victorine* verantwortet, stehen keine *Oscar*®-Nominierungen, aber es steht beispielsweise der große Fernandel auf seiner Gehaltsliste und er verfilmt Drehbücher von keinem Geringeren als Antoine de Saint-Exupéry.

Von Einfallsreichtum und Geschmack zeugt auch Arons Art der Filmfinanzierung: Zehn Prozent der Weinmenge, die das berühmte Pariser *restaurant La Tour d'Argent* orderte, legt Aron in seinen eigenen Weinkeller, wo die Weine zu einem köstlichen Kapital heranreifen. Bevor André Aron unter dem Deckmantel seiner falschen *famille Dugard* endgültig gerettet ist, besitzt er noch ein anderes Versteck. In *Madame* Viviers Haus, einer alten Ölmühle aus dem 17. Jahrhundert, befand sich eine Zisterne. Schaute man von oben hinab, konnte niemand, auch die *boches* nicht, sehen, dass sie eine seitliche Ausbuchtung besaß. Nicolas' Vater macht aus dieser Zisterne kurzerhand eine winzige Einraumwohnung für André Aron. Er zieht eine niedrige Mauer vor der Ausbuchtung ein, die vor allzu forschenden Blicken schützt, aber auch vor Nässe, denn auf dem Grund der Zisterne steht immer etwas Wasser. Im Seitenflügel kann André Aron für jeweils drei bis vier Tage ausharren. An einer Strickleiter kann er jederzeit nach oben gelangen. Den Haken für die Befestigung hat Joseph Mallet, der Hufschmied des Dorfes, enger Freund von Nicolas' Vater und wie dieser von Herzen Kommunist, angefertigt. Als wir diese Geschichte von Polverino Senior hören, können wir ihm wegen des vielen Weins, der vielen Weiber und der wenigen väterlichen Fürsorge gar nicht mehr so richtig böse sein.

Der gerettete André Aron steigt gleich nach Kriegsende wieder voll ins Filmgeschäft ein und zum Glück boomt es. 1945 wird in den *studios de la Victorine* der berühmte Film „*Les enfants du paradis*" gedreht – und die blühendsten Jahre des *studios* sollen erst kommen … Dass Aron den kleinen Nicolas, sofern Krieg und Verfolgung es gestatten, sooft es ging nach *Nice* zu Dreharbeiten mitnimmt, geht nicht spurlos an dem Jungen vorüber. So viel ist klar: Nicolas will zum Film und er tut, was ein junger Mann in solchen Fällen tun muss: *Il va à Paris!* Er macht ein Praktikum beim *RDF (Radiodiffusion française*, heute *TF1*) und studiert an der Filmhochschule. Mit dem Geldverdienen hat er es jedoch eilig, denn er hat sehr großen Hunger. Deshalb entscheidet er sich für die schnellste Ausbildung, die das *business* zu bieten hat. *Shooting star* fällt flach, also lernt er Tonmeister. Einer seiner Lehrer an der Filmhochschule ist Jean-Paul Sartre, den er so dermaßen unsympathisch findet, dass er es sich nicht verkneifen kann, ihm nach Schülerart derbe Streiche zu spielen. Beispielsweise ersetzt er die Bremszüge von Sartres Fahrrad durch Gummilitze und verstopft das Ofenrohr von Sartres Arbeitszimmer über dem *café Les Deux Magots* in *Saint Germain des Près.* Das mit den Bremszügen führt zu einem bösen Sturz mit Verletzungen im Gesicht. Das mit dem Ofenrohr beschert dem Philosophen möglicherweise ein sehr existenzialistisches Gefühl von Sauerstoffmangel und einen essenziellen Krach mit Simone de Beauvoir und trägt ihm das gänzlich unintellektuelle Gespött namhafter Gäste ein, denn es ist nicht unwahrscheinlich, dass Picasso, Camus, Gide und Léger und die ganze Pariser Intellektuellen- und Künstlerbande unten gerade *léger* beim *Pastis* beisammensitzen und – wie Sartres Ofen – rauchen, dass es eine Art hat. Immerhin machen sie das *café* damit weltberühmt.

Zu einer nennenswerten Karriere beim *film* kommt es für Nicolas aber dann doch nicht. Zwar soll er den großen Victor Merenda kennenlernen, der ihn mit den Warner Brothers bekannt macht. Er soll sich ganz prima mit Jack Warner verstehen, er soll sein Mikrofon über den

Nachts bereitet Jany für den rastlos herumspukenden Geist von Picasso pikante tartes *und besänftigende* desserts.

großen Peter O'Toole halten, er ist verzaubert von den französischen Diven Jacqueline Gauthier und Merle Oberon – und Merle noch mehr von ihm. Doch Nicolas quittiert bald seine Filmkarriere und treibt dann ein paar Jahre das und dies. Wenn in den *Alpes Maritimes* Schnee liegt, unterweist er Unkundige im korrekten Umgang mit Skiern. Er wird *Mougins* amtlicher Schornsteinfeger. Und 1968 erledigt er gemeinsam mit seinem Onkel Gustave einen großen Umzug von *Paris* nach *Cannes* – den Umzug dieses Malers, bei dem seine Tante Inès unbegreiflicherweise immer noch arbeitet und der die riesige *Villa La Californie* gekauft hat. Nicolas tut bald, was ein Mann mindestens einmal im Leben getan haben muss: Er heiratet und wird mit seiner Frau Georgette die Tochter Florence zeugen. Dass das Handwerk, insbesondere das Klempnerhandwerk, goldenen Boden hat, erfährt Nicolas dann auch. Seine 1958 gegründete *entreprise de plomberie* ernährt drei Chefs, er ist einer davon, und 80 Angestellte ganz prima. Wer das selbst auch mal ausprobieren möchte, sei gewarnt: besser nicht für Zahnärzte klempnern. Die zahlen nicht. 1968 beschließt Nicolas, dass die französische Steuergesetzgebung für Installationsbetriebe zu unappetitlich wird. Und so nimmt sein Lebenslauf mal wieder eine Biegung und er landet endlich in der *gastronomie.*

Nicolas' Mutter Jeanne ist während all dieser Jahre Köchin geblieben. Und wer bei den Viviers kocht, lernt früher oder später den recht verfressenen, freundlichen Christian Dior kennen und dessen dragonerhaften Schatten: *Madame* Raymonde Zehnacker. Sie ist Diors engste Vertraute, seine rechte Hand, sein zweites Ich, seine schärfste Kritikerin – und nicht wenige sagen, dass sie seine Chefin ist. In *Mougins* spricht man von ihr deshalb nur als *la directrice. Madame* Zehnacker kauft die *Moulin Vieux* (Baujahr 1625) in *Mougins* und so schreitet Nicolas' Mutter Jeanne, berühmt für ihre Künste am Herd, elegant von der Küche der *Madame* Vivier in die von Christian Diors *Château de la Colle Noire* im *Var* und wieder zurück nach *Mougins* in die Küche von *Madame* Zehnacker. Und als *Madame* Zehnacker sich vergrößert und ihr Haus umfangreich umbaut, wohnen alle – auch Jeanne – in Diors Schloss. Dort sind die märchenhaftesten Feste gefeiert worden, von denen wir Ihnen später einige bisher unveröffentlichte Bilder zeigen werden. (Das Anwesen der Zehnacker steht übrigens gerade zum Verkauf, für nur acht Millionen Euro.) 1961 zieht nun auch noch dieser inzwischen wahnsinnig berühmte, egozentrische Maler nach *Mougins*. Inès ist wieder da! Und wo Picasso ist, da ist ja auch Jean Cocteau nicht weit. Und Max Ernst und Jacques Prévert und Yves Montand und Simone Signoret ... Man kann sich denken, was so viele große Namen mit einem so kleinen Dorf anstellen. Und *Cannes* ist ja auch noch um die Ecke. Und *Nice*. Und *Saint-Tropez*. Und Alain Delon. Die Deneuve. Und Cary Grant. Gunther Sachs beschmeißt Brigitte Bardot aus der Luft mit Rosen. Dabei weiß in Frankreich jede *mademoiselle: L'amour est un bouquet de violettes!* Kein Wunder, dass diese *liaison* nicht lange hielt. Neben den Malern, Dichtern und Philosophen fallen nun also auch noch der *jet set* und die Sternchen in *Mougins* ein und dazu all diese Leute, die Maler, Dichter, Philosophen, *jet set* und Sternchen gucken kommen wollen. Und die müssen ja auch alle etwas essen! Also eröffnet der Exklempner Nicolas mit seiner Mutter, die nach Diors Tod und dem von *Madame* Zehnacker arbeitslos ist, mit seiner Frau Georgette und seiner Schwester Christiane *Le Bistrot*. Es ist das zweite *restaurant* im Ort. Das Kochen übernimmt natürlich seine Mutter Jeanne, die kann es ja schließlich aus dem Effeff. Nicolas muss der höchsten Instanz, seiner Großmutter Adeline, vorkochen, erweist sich aber als nicht sonderlich begabt und deshalb bleibt sein Tun zunächst streng weisungsgebunden. Aber der Laden läuft! Die *formule* des *restaurants* ist ambitioniert. Man kocht klassische Drei-Gänge-Menüs sowie *à la carte*, hat mittags und abends geöffnet, die Karte wechselt wöchentlich. Die Damen in der Küche pflegen trotz der für Konflikte berühmten Konstellation einen

Ist das nicht ein gefundenes Fressen? Wir kennen einen, der einen kennt, dessen schöne Tante für Picasso gefüllte Gemüse und Nudeln mit pistou *zubereitet hat!*

sehr harmonischen Umgang. Eines schönen Tages richtet Nicolas der schönen Jany im *Le Bistrot* die Hochzeit aus. Allerdings zunächst mit einem anderen Mann. 1969 kommt der große Chef Roger Vergé nach *Mougins*. Er ist einer derjenigen, die *la Nouvelle Cuisine* erfunden haben, und seine später legendäre *Moulin de Mougins* ist schon das siebte *restaurant* in einem der kosmopolitischsten, mondänsten Dörfer der Welt. *Le Bistrot* schließt im Jahr 1973 und stattdessen eröffnet man in gleicher Besetzung an anderer Stelle den *traiteur Le Fournil* und Nicolas fängt im fortgeschrittenen Alter von 42 Jahren und nach vielen sehr erfolgreichen Jahren in der *gastronomie* noch einmal eine Ausbildung an. Die Handelskammer in *Cannes* offeriert eine Weiterbildung zum Koch. *C'est gratuit* und *rapide* ist es auch! Danach nimmt das Leben einen neuen Schlenker, aus dem *traiteur Le Fournil* wird das *restaurant Le Fournil.*

Und jetzt, *Mesdames et Messieurs,* kochen endlich, endlich auch mal urfranzösische Gefühle hoch und es kommt *l'amour* auf den Tisch. Nicolas lässt sich scheiden. *Oui!* Und diese schöne Frau, deren Hochzeit er damals ausgerichtet hat, auch. *Non!* Die beiden heiraten. *Et voilà!* Und nicht nur das, sie machen sogar so richtig gemeinsame Sache: Zusammen eröffnen sie das *restaurant Le Fournil* ein zweites Mal, und zwar zu zweit. Gekocht wird allerdings ganz anders. Das, was man in der *Provence* halt so kocht, das, was bei alltäglichen, glamourös hippiesken Abendessen mit Freunden auf den Tisch kommt und da immer der größte Knüller ist. Jany und Nicolas kochen für maximal 38 Gäste. Montags *lasagne au four,* dienstags sautiertes Kaninchen mit Rosmarin, mittwochs gibt es *légumes farcis* und Salat, donnerstags und freitags *bourride provençale.* Noch werden Sie sich fragen, was das ist, aber ab Seite 190 werden sie diese Fischsuppe lieben, die so heißt, weil das französische Verb für „vollstopfen" *bourrer* heißt. Nicolas ist übrigens allergisch gegen Fischeiweiß, weshalb er die *bourride* über all die Jahre zubereitet hat, ohne sie jemals zu kosten. Außerdem gibt es zwei pasta: *ou pistou* und – *oh là là – à la bolognese.* Alles das kocht Nicolas, die *tartes* und die *tourtes* bereitet Jany zu. Die Gäste des *Le Fournil* sind Künstler und Einheimische und sie kommen mindestens zweimal pro Woche, einige sogar zweimal am Tag. Angebrochene Flaschen kann man beim nächsten Besuch weitertrinken und eine viel gehörte Frage lautet: *„Ist noch etwas von gestern da?"* Weil Jany und Nicolas aber nicht nur ein *restaurant* betreiben, sondern auch einen Familienbetrieb mit schulpflichtigen Kindern aus ersten Ehen sowie der gemeinsamen am Laufen halten müssen, sind Alfa und Marinette so nett, den beiden im *restaurant* höchst kenntnisreich zu helfen.

Wer sich bei Nicolas unbeliebt machen will, macht es wie der große Wolfram Siebeck, der auch mal zu Gast war, und bestellt das einzige kapitale Fleischgericht auf der Karte: *grillade au bœuf.* Dafür muss Nicolas zu seinem großen Missfallen nämlich den Grill anwerfen. *Merde!* Ach so: Vier *desserts* gibt es auch. *C'est tout.* Scheine größer als 200 *francs* werden nicht akzeptiert, Schecks auch nicht, kein Kredit. *Basta!* Denn Italiener ist man ja schließlich auch noch. In *Mougins* gastronomischer Hochphase gibt es im Dorf mehr *Michelin*-Sterne als in *Paris*, bei Jany und Nicolas gibt es *tarte aux blettes.* Der Mittelpunkt vom *restaurant* ist Jany. Es gibt Stimmen, die behaupten, viele Gäste kommen weniger wegen des guten Essens als wegen ihres unvergleichlichen *charmes* und ihrer schönen Stimme, mit der sie den ganzen Abend ebenso entspannt wie beeindruckend gut Arien vor sich hin singt.

Nach 15 erfolgreichen Jahren schließen Nicolas und Jany 1999 das *Le Fournil.* Sie wohnen heute nur ein paar Schritte davon entfernt, Wand an Wand mit dem Haus, in dem Nicolas 1931 zur Welt kam. Noch immer hat man von hier einen wunderbaren Blick über die Hügel von *Grasse* bis zum Meer. Das *Hôtel Vaste Horizon,* dessen Schriftzug noch heute auf den Mauern zu sehen ist und in dem Picassos Liebe zu *Mougins* begann, beherbergt heute die Touristeninformation. Es gibt im Dorf rund 50 *restaurants.* Sébastien Chambru, Vergés zweiter Nachfolger in der *Moulin de Mougins,* arbeitet hart an annähernd ähnlichem Ruhm. Bei stattlichen 14.000 Euro liegt der Quadratmeterpreis für Immobilien und die Maklerdichte am Ort übersteigt die der Einwohner um Längen. Von jeder zweiten Hauswand bohrt ein riesiger Picasso seine Blicke in die Besucher. Jedes dritte Haus schimpft sich Kunstgalerie und jeder, der einen Pinsel halten kann, nennt sich hier Künstler. Die Parkplätze vor dem Dorf sind überfüllt, *légumes farcis* sind schwer zu kriegen.

Doch wer einmal in *Mougins* war, nachdem die *restaurants* geschlossen haben, nachdem die Touristen sich mit vollen Bäuchen nach *Nice* und *Cannes* haben hinunterrollen lassen, wer im Dorf bleibt, nachdem der Pfarrer, Nicolas und Jany, die drei übrig gebliebenen *Mouginoix,* fest schlafen, wer nachts mit den Katzen durch die dunklen Gassen schleicht, um für ein komisches Kochbuch Fotos zu machen, der könnte es nicht schöner sagen als die großartige Auto-Übersetzung der Website des provenzalischen Fremdenverkehrsvereins: *„Es ist nicht gerade zufällig, dass* Mougins *heute fortfährt, eins von zu sein ‚müssen-sieht' auf das Taubenschlag* d'Azur."

Ricette di famiglia

Rezepte der Familie

Das Kapitel, in dem Mitte des 19. Jahrhunderts eine wohlhabende Bauernfamilie aus der Toskana an die Côte d'Azur *emigriert, weil sie lieber weiterhin zum habsburgischen Österreich gehört hätte, als sich von einem rauflustigen, politischen Aktivisten aus* Nice *(damals italienisch) mit Sizilianern, Lombarden, Capresen und der ganzen Apennin-Halbinsel in einen Topf werfen zu lassen. (Bereits an dieser Stelle wird der Leser sich wünschen, im Geschichtsunterricht seine Aufmerksamkeit auf den Gang der Weltgeschichte und nicht auf den Gang der hübschen Referendarin gelenkt zu haben.) Es werden Pleiten hingelegt, kesse Sohlen und Schutzgelder. Es geht ans Eingemachte: an die* pomodori *und an die Kröten. Es werden wieder einmal Grenzen überschritten, besonders rechtliche. Es wird ein* cousin *verhaftet, der dem Namen Polverino weiß Gott keine Ehre macht. Er wird infolgedessen nicht bei seinem älteren Vetter zum* café *eingeladen, weshalb es auch keine Haschkekse gibt, was allen eine Menge Ärger erspart, möglicherweise aber auch eine Menge Spaß. Das Feindschaftsspiel Frankreich – Italien um die bessere Küche endet unentschieden und geht in die Verlängerung.*

Nicolas Polverino ist Südfranzose, wie man südfranzösischer nicht sein kann. Das merkt man unter anderem an seiner Aussprache, die frei von Nasallauten ist, es sei denn, er hat Schnupfen: Am Morgen isst Nicolas ein Kroassang, mittags gibt es Kock oh Weng und zum Kaffee hört er das Klavierkonzert No. 1 in e-Moll von Schopäng. Seine Vorfahren kommen aus Italien, was man sich bei dem Familiennamen ja denken kann. Italiener sind sie deshalb aber noch lange nicht – und sie wollen es auch nicht sein. Sie sind Toskaner! Die Republik Italien ist im 19. Jahrhundert noch im Zustand des Erfundenwerdens. Ein vereinigtes italienisches Staatsgebilde mit König Victor Emanuel II. von Sardinien-Piemont als seinem Repräsentanten soll das *grand bordel* beenden, dieses *babilonia* sondergleichen, das heillose Durcheinander auf der Apennin-Halbinsel, wo eine Provinz den Franzosen, die andere den habsburgischen Österreichern, die dritte den Preußen, den Bourbonen, dem Papst oder den Sarden gehört, die wiederum sich selbst gehören. Jede Provinz spricht ihre eigene Sprache und kann und will die anderen Provinzen nicht verstehen. Nun soll ein ordentlich geordnetes Land aus all den kleinen Fürsten- und Herzogtümerchen werden. Von dieser Idee, die all jenen, die im Geschichtsunterricht gut aufgepasst haben, unter dem Terminus *risorgimento* (Wiedererstehung) bekannt ist, hält Nicolas' Urgroßvater allerdings *niente.* Der Erste in einer langen Reihe von Polverinos pfeift auf die Sozialrevoluzzer Giuseppe Garibaldi und Graf Camillo Benso von Cavour und ihre flotten Ideen. Polverino verkauft seine Äcker und verlässt als wohlhabender Mann mit Frau und Kindern die damals österreichische Toskana, um an der schönen *Côte d'Azur* Wurzeln zu schlagen.

Bis aus Italien nach der offiziellen Staatsgründung 1861 ein einig Königreich wird, dauert es allerdings noch mal rund 30 Jahre. Und es sind nicht die Politiker, denen es endlich gelingt, den Nationalstolz der Bewohner der Halbinsel und der diversen Eiländer zu entflammen. Es ist,

Mafiabosse pflegen auch im Untergrund kriminell gut zu essen. Nach Art der alten Römer bevorzugt im Liegen und gern in Gesellschaft hübscher Hasen.

Der Mafiaboss Giuseppe Polverino (unscharf) zeigt uns hier, wie er sich das Essen hinter Gittern vorstellt: richtig gut und mit vielen frischen Meeresfrüchten.

man hätte es sich denken können, das Essen. Genauer gesagt: ein Buch darüber. Es ist das allererste Kochbuch über die Küche der Halbinsel und all ihrer Provinzen – jedenfalls bis kurz hinter Neapel. Südlichere Gefilde genießen auch damals schon geringe Achtung. Und umgekehrt möchten die Sizilianer mit den nördlichen Ideen von Einheitsstaat und Recht nicht behelligt werden. „*Unsere Sache!*“, findet der sizilianische *uomo de onore* – der Ehrenmann – und gründet eine zunächst namenlose Verbrecherorganisation. Später heißt sie *Cosa Nostra* und sie ordnet sich bekanntermaßen bis heute nichts und niemandem unter.

Das staatsbildende Kochbuch ist das erste auf dem italienischen Markt, das sich nicht an Profis richtet. Diese kochen ohnehin zu dieser Zeit auch in Italien ausschließlich französisch. Verfasst hat es ein feinschmeckerisch veranlagter Seidenhändler namens Pellegrino Artusi, der in Geschäften landauf, landab viel unterwegs ist und dabei Rezepte und regionale Besonderheiten sammelt und archiviert, die er in einem dicken Buch unter dem gewichtigen Namen „*La scienzia in cucina e l'arte di mangiar bene*“ veröffentlicht. Auf Deutsch würde das Werk „*Von der Wissenschaft des Kochens und der Kunst, gut zu essen*“ heißen. (Jemand sollte es endlich mal ins Deutsche übersetzen!) Das Werk enthält bei seinem Erscheinen anno 1891 über 470 Rezepte. Die 14. Auflage im Jahr von Artusis Tod umfasst schon ganze 790 Kochanleitungen und ist fast 700 Seiten dick. In diesen ersten *food blog* der Welt nimmt Pellegrino Artusi ganz demokratisch auch von der *community* per Post an ihn geschickte Beiträge auf und erweitert mit eigenen volkskundlerischen und kulturphilosophischen anekdotischen Kommentaren das Bewusstsein der Italiener, dass ihnen an den Kochtöpfen keiner das Wasser reichen kann. Pellegrino macht aus Italien eine große Nation, die auf ihre Würste ebenso stolz ist wie auf ihre Fischsuppen. Er bewirkt sogar, dass sich die Italiener auf zwei gemeinsame Nenner einigen können – auf *la pasta* und auf eine

Eine Walther PPK in der Schublade. Fingerabdrücke auf der Ziegenkäsetarte. DNA-Spuren in der Karottensuppe mit Scampi. Die Beweislage ist erdrückend, die Speisen nicht.

gemeinsame Sprache verständigen sie sich auch: auf Artusis toskanischen Dialekt. Denn überregionale Zeitungen lesen zu können, ist nämlich schön. Aber in *Milano* ein Rezept für *scallopine à la livornese* kochen zu können, ist noch viel schöner. Dass der Seidenhändler Artusi der wahre Sozialreformer des Landes ist, ist unumstritten, denn er stärkt mit diesem Buch den Italienern auch gegenüber den französischen Küchendespoten mit ihrem arroganten Französisch den Rücken.

Die Franzosen hatten über das Essen und das Kochen schon immer viel zu erzählen – und aller Welt vorzuschreiben. Liebhabern fetter französischer Käse ist der Name Brillat-Savarin sicher ein Begriff. Er ehrt Jean Anthèlme Brillat-Savarin, den Verfasser des Werkes *„La Physiologie du goût, ou Méditations de gastronomie transcendante“ – „Die Physiologie des Geschmacks oder Betrachtungen über das höhere Tafelvergnügen“.* Als dieses Buch 1826 erscheint, hat Brillat-Savarin 25 Jahre daran gearbeitet und zahlreiche genussvolle Selbstversuche unternommen. Natürlich ohne jemals selbst zu kochen. Dafür hat der bekennende *royaliste* in seinem Junggesellenhaushalt zwei Köche angestellt. Das Revolutionäre an seinem Buch ist seine Unterscheidung vom Essen, um satt zu werden, und dem kennerhaften Genießen, was seiner Ansicht nach mit Luxus nichts zu tun hat. Aus diesem Grund kann man ihn gar nicht enthusiastisch genug als den Erfinder des in Frankreich so verbreiteten *savoir-vivre* bejubeln, das wir Deutschen nur ein wenig steif als Lebenskunst zu übersetzen wissen. Seiner in kulinarischer Hinsicht sozialistischen Grundauffassung zum Trotz macht Brillat-Savarin, der Richter und Politiker, der ganz gut an der Geige war, Unterschiede zwischen den Menschen. Er hält jemanden, dessen Sinne so fein sind herauszuschmecken, auf welchem Bein das Rebhuhn, das er verspeist, zu schlafen pflegte, für den besseren Menschen. Unter dieses wohlhabenden Mannes reich gedeckten Tisch fällt dabei, dass sich nun mal nicht jeder *domestique* oder jede *concierge*

Rebhühner leisten kann. Ebenfalls nach dem Feinschmecker benannt ist übrigens ein ringförmiger, fein schmeckender Kuchen mit vielen Eiern und viel Butter, der mit viel Alkohol getränkt und mit viel geschlagener Sahne serviert wird.

Die heilige Schrift der französischen Küche von der doppelten Dicke einer Bibel und ihrer dreifachen Autorität ist bis heute der „*Guide Culinaire*" von Auguste Escoffier, dessen Erscheinen die *Haute Cuisine* begründet. Der großformatige Kochkunstführer ist nach wie vor das Standardwerk, welches jeder Kochlehrling, der Höheres im Sinn hat als die Kantine der Finanzbehörde, auswendig lernen muss. Es wiegt circa drei Kilo, hat rund 900 Seiten (Bibeldünndruck) und enthält Hunderte von Rezepten, davon allein 40 für warme Soßen. Auf jeder Seite stehen rund acht Rezepte und außer einem *portrait* des Autors gibt es darin nicht eine einzige Abbildung. Wer nun beim Kochen von wem abgeguckt hat – die Franzosen bei den Italienern oder die Italiener bei den Franzosen – ist aber bis heute Gegenstand köstlicher Zankereien.

Während die Herren Brillat-Savarin, Escoffier und Artusi also beflissen französisch-italienische Kulturgeschichte schreiben, zeugt Nicolas Polverinos Urgroßvater unter der fruchtbaren südfranzösischen Sonne einige bemerkenswerte Nachfahren, die dafür sorgen werden, dass auch der Name Polverino über Generationen hinweg ein internationaler Begriff wird. Bei den Schriften, in denen dieser Name auftaucht, handelt es sich bis zum heutigen Tag allerdings nicht um Kochbücher, sondern um erschütternde Zeitungsmeldungen und zahllose Gerichtsakten. Selbstverständlich geht es in diesen Berichten über gesetzesuntreue Polverinos niemals um den höchst ehrenwerten Sohn von *Mougins,* der mit harter, ehrlicher Arbeit als Tonmeister, Klempner, Schornsteinfeger, Kunstlogistiker und Skilehrer und mit der Herstellung von Essen seinen Lebensunterhalt verdient.

Unter so zehrenden Lebensumständen wie der Flucht vor der Polizei muss ein mafioso auf ausreichende Zufuhr von Proteinen achten. Provenzalisches Rinderragout stärkt die Nerven!

Es geht darin nicht um seine *lasagne* (Italienisch!) oder um seine kriminell gute *bourride* (Französisch!), um eine fehlende *prise* Salz (Deutsch!) oder um eine allzu *léger* addierte Zeche (Mafiös!). Es geht um die fischigen Machenschaften seines Großvaters Nicolas, nach welchem er in toskanischer Tradition heißt. Dieser Don Nicolas hat nichts auf der Naht seiner eleganten englischen Anzüge der Marke *Costume Prince de Galles.* Stattdessen hat es der gelernte Schuhmacher faustdick hinter den Schlitzohren unter seinem *borsalino.* Hauptberuflich ist Don Nicolas wie jeder Neapolitaner, der was auf sich hält, *mafioso.* Sein Arbeitgeber ist die *camorra* von *Cannes.* In seinen hochoffiziellen Geschäften (Immobilien, *gastronomie,* Schuhmacherei) beeindruckt Don Nicolas die Welt mit seiner Unbeirrbarkeit, seinem *talent* trotz Insolvenzen in *série* – sieben sollen es insgesamt gewesen sein – und vor allem mit seiner *bella figura.* Die Gerichtsverhandlungen seiner Konkurse sind stets eine ausverkaufte *show.* Wenn er im dreiteiligen Maßanzug, mit Maßschuhwerk, Pelzkragen und mit Silberknauf am Spazierstock als Ebenbild des berühmten englischen *dandys* Beau Brummell in den Gerichtssaal schlendert, wirkt er nicht wie ein klassischer Pleitier. *„Ah,* Monsieur *Polverino, wieder mal bankrott?"*, fragt der Richter mit gespieltem Erstaunen, *„wie ist das denn möglich? ICH müsste pleite sein – angesichts dessen, was ich bei dir für ein Paar neue Absätze bezahle!"* Don Nicolas erklärt ihm, wie es geht: „Moi, l'argent – je le rentre à la petite cuillère et je le sors à la pelle." Er sammle das Geld mit einem Kaffeelöffel und haue es mit der Kehrschaufel wieder raus. Was bleibt einem bemitleidenswerten Mann wie ihm also übrig, als sich zwischen den Zwangsversteigerungen mit bescheidenen, mafiösen Nebenerwerbstätigkeiten nur knapp über Wasser zu halten? *„Mag ja sein, dass Geld den Charakter verdirbt. Kein Geld verdirbt ihn aber auch!"**

* Aus dem reichen Vorrat selbst gemachter Aphorismen von Herta Stoletzky.

Don Nicolas kümmert sich also ein wenig um das italienische Personal der Luxushotels in *Cannes* und redet ihm bei Bedarf ein wenig ins Gewissen, wenn es allzu übermütig werden will und etwas so Frivoles wie angemessenen Lohn verlangt.

Von einem zweiten Familienmitglied mit dem Nachnamen Polverino, Nicolas' jüngerem *cousin* Giuseppe, gibt es auch nichts Gutes zu berichten, weshalb wir das auch gerne tun wollen! Aber schnell, solange der Mann noch hinter Gittern ist und wir nicht fürchten müssen, mit Betonklötzen an den Füßen vor dem *Hôtel Negresco* in der *Baie des Anges* versenkt zu werden. Laut Presseberichten ist der wesentliche Charakterzug Giuseppe Polverinos seine *brutalité bestiale.* Auf den Fotos, die bei seinen diversen Verhaftungen aufgenommen wurden, wirkt er tatsächlich nicht wie jemand, mit dem man tiefe Gespräche über die kunstfertige Herstellung von Wachsblumen oder über impressionistische *poésie* führen würde. Im März 2012 gelingt es den italienischen *carabinieri,* den seit 2006 untergetauchten und international gesuchten *capo* und Leiter des Rauschgiftschmuggels zwischen Spanien und Italien in *Jerez de la Frontera* festzunehmen – also quasi an seinem Arbeitsplatz. Das Vermögen des *clans* wird beschlagnahmt. Dabei handelt es sich um eine Milliarde Euro. Unter den konfiszierten Wertgegenständen sollen sich eine Erstausgabe von Artusis *„La scienzia in cucina e l'arte di mangiar bene"* mit deutlichen Gebrauchsspuren sowie ein *„Guide Culinaire"* von Escoffier mit Einschusslöchern des Kalibers 7,92 befunden haben.

Abschließend möchten wir drei große, aber bisher ungeklärte Fragen beantworten:

1: Was, bitte, hat das alles nun mit der Speisekarte der *Brasserie La Provence* in Hamburg-Ottensen zu tun?

2: Wo war Giuseppe Polverino zwischen 2006 und 2011?

Desserts, *die an die Unschuld der Kindheit erinnern, versteckt auch ein abgebrühter Hund besser vor sich selbst, damit er sich nicht der Völlerei schuldig macht.*

Nonpareilles – ohnegleichen. Das ist dem südfranzösischen Italiener nicht nur die kleine Kaper im Lachstatar, sondern auch seine große Familie.

3: Hat er in dieser Zeit anständig gegessen?

Zu 1: Es hat grundsätzlich immer alles mit allem zu tun.

Zu 2: Fotodokumente, über deren Seriosität absolut kein Zweifel besteht, über deren Herkunft jedoch schon aus Zeugenschutzgründen geschwiegen werden muss, beweisen, dass sich Giuseppe Polverino in dem bewussten Zeitraum in einem einsturzgefährdeten *palazzo* im Hinterland von *Ventimiglia* aufhielt. Er hatte sich dorthin zurückgezogen, um auf drei gestohlenen Campingkochern alle 749 von Artusi gesammelten Rezepte auf ihre Funktionalität zu überprüfen.

Zu 3: An Werktagen aß er selbst erlegte Stallhasen mit sautierten Frischgemüsen. Sonn- und feiertags speiste er mehrgängig und mit edlem Tafelsilber aus Familienbesitz feine Gerichte nach aus Südfrankreich eingeschmuggelten Rezepten seiner angeheirateten Großtante Adeline Odorici, am liebsten diese:

Soupe aux carottes à la folie de crémant avec scampi
Tarte au chèvre frais avec confiture ratatouille
Tartare de saumon et une tomate fondue au Pastis

Encornets farcis et ses copains à la sétoise
Daube provençale avec panisse

Blanc manger et son confit de myrtilles
Le chien sain à cause de chocolat et biscuit

PARIS-CANNES RETOUR*

* Paris–Cannes und zurück

Das Kapitel, in dem wieder mal ein neues Kapitel im Leben des Pablo Diego José Francisco de Paula Juan Nepomuceno María de los Remedios Cipriano de la Santísima Trinidad Ruiz y Picasso aufgeschlagen wird. In dem ein atelier *und eine Ära hinter sich gelassen werden. In welchem der* Tour Eiffel *in den Rückspiegeln von zwei* Renault Estafette *kleiner und kleiner wird, während zahlreiche unversicherte Kunstwerke im Wert von Millionen sowie eine schlicht unbezahlbare Leberterrine, ein umfangreiches Rohkostsortiment,* gaspacho *in zwei Farben, gebratene Blutwurst, ein nicht zu kleines* poulet, *gebrannte Ziegenkäsecreme mit Lavendel sowie ein Pfirsichsüppchen für ein* pique-nique *bei* Lyon *auf den Ladeflächen sanft hin- und herschaukeln.*

Picasso mag ja noch so sehr Mitglied der kommunistischen Partei gewesen sein, in dem zwar egozentrischen, aber – zugegebenermaßen – großen Kosmos des Millionärs widerspricht sich das überhaupt nicht mit Besitz. Auch nicht mit dem größerer Immobilien, darunter französische Schlösser. In den letzten 25 Jahren seines Lebens nennt Genosse Picasso, der Malerfürst, wie er sich nennt, als König der Lumpensammler bezeichnet ihn Cocteau, in Südfrankreich fünf verschiedene Wohnsitze sein Eigen. Zeitweise parallel, die *ateliers* in *Paris* nicht mitgerechnet. Die Türen seiner Residenzen – und das ist ja dann doch wieder nah am kommunistischen Ideal – stehen jedoch immer weit offen. Noch nicht einmal Gardinen gibt's.

Eines Tages im Jahr 1968 beschließt Pablo, sich aber doch ein wenig zu verkleinern und das *atelier* in *7, Rue des Grands Augustins* im sechsten *arrondissement* von *Paris* aufzugeben. Das ist übrigens ein Ort mit schrecklich viel Historie. Es heißt, hier sei 1610 der neun Jahre alte Louis XIII. gekrönt worden, nur ein Stündchen, nachdem sein Vater Henri IV. ermordet wurde. 1831 schriftstellert Honoré de Balzac eine Kurzgeschichte des Namens *„Le chef d'œuvre inconnu"*, in dem es ausgerechnet um einen großen, halb verrückt gewordenen Maler geht, der ausgerechnet in diesem Haus zehn Jahre lang an einem Werk werkelt, um es zur Perfektion zu treiben. Das gelingt selbstverständlich nicht, weshalb das Werk auch niemand sehen darf. Picasso wird diese Geschichte 1927 illustrieren und jeder darf sie sehen. Picassos unmittelbarer Vormieter war auch kein Niemand, sondern der Schauspieler Jean-Louis Barrault aus dem bekanntesten und heiß geliebtesten französischen Film aller Zeiten, Marcel Carnés *„Les enfants du paradis"*. Wer gut aufgepasst hat, weiß, dass dieser in den *studios de la Victorine* gedreht wurde, in denen André Aron Produzent war und zu dessen Lebensrettung Nicolas Beihilfe geleistet hat. Ach, wie sich doch alles findet! Und Dora Maar, die Fotografin, die Picasso im *Café Les Deux Magots*

1968 wurden ungezählte unversicherte Werke aus Picassos Pariser atelier nach La Californie überführt: Zitronenhühnchen, Pfirsichsüppchen, zwei gaspachos und ganaches aus weißer sowie dunkler Schokolade. Sie blieben nicht unverzehrt.

Die warme Blutwurst auf Gemüse-Linsen-Salat wurde en route zwar nicht, wie es sich gehört, aber dafür ganz besonders hübsch angerichtet.

(da, wo Nicolas Sartres Ofenrohr verstopft hatte) kennenlernt und die seine Lebensgefährtin wird, zeigt ihm das *atelier*, in dem er dann das berühmteste Bild aller Zeiten (nach der *„Mona Lisa"*) malen wird: *„Guernica"*.

Dieses *atelier* gibt er auf. Warum genau, darüber geben verschiedene Quellen verschiedene Auskünfte. *Intéressant* ist an dieser Angelegenheit auch, dass es heißt, er sei hinausgeworfen worden. Gibt es denn das? Ein weltberühmter Maler! Aus seinem eigenen *atelier*, dessen rechtmäßiger Eigentümer er ist! Wenn er nur ein kleines Mieterlein gewesen wäre, das sein Badezimmer nicht im vertraglich festgelegten Turnus ausgepinselt hat, fachgerecht natürlich, dann könnte man es verstehen. Aber so? Wie auch immer. Richtig schrecklich schlimm ist es ja nicht, denn Picasso ist ohnehin nie dort. Er ist ja immer im Süden. Da, wo das Licht so unvergleichlich gleißend ist und das Meer so unvergleichlich blau. Wo er den ganzen Tag halbnackt herumlaufen kann, wo er Hof halten kann wie ein *star* aus *Hollywood*, wo er in *St. Tropez*, in *Cannes* und *Antibes* seine großen Bühnen hat, seine Lieblings*restaurants* und jede Menge anonymes oder prominentes bewunderndes Publikum. Im Süden gibt es sogar Stierkampf! Wenn auch einen kastrierten, das heißt, der Stier wird nicht getötet. Im Süden besitzt Picasso seit 1948 in *Vallauris* in einer ehemaligen *parfum*fabrik das *atelier Fournas* sowie die *Villa Galloise.* 1955 erwirbt er das mondäne Anwesen *La Californie* in der *18–20, Avenue Costebelle.* Die Decken sind über vier Meter hoch und die Freitreppe eignet sich vorzüglich, sich selbst, andere fotogene Persönlichkeiten oder auch seine unkonventionellen Haustiere (Ziegen, Eulen) auf ihr zu drapieren. 1958 macht Picasso es noch einmal eine Nummer größer und wird das Schloss *Vauvenargues* bei *Aix-en-Provence* kaufen, bis er sich auf das Anwesen *Notre-Dame-de-Vie* in den Hügeln hinter *Mougins* zurückzieht. Nicht schlecht für einen Genossen: drei Wohnsitze in Südfrankreich. Als Picasso *La Californie* bezieht, ist er inzwischen zumindest ordentlich verheiratet – mit seiner letzten

Frau Jacqueline. Die Dauerfrau an seiner Seite, Inès Sassier, die unserer Meinung nach endlich in die Riege von Picassos Frauen aufgenommen werden müsste, auch wenn auf erotischer Ebene niemals etwas stattgefunden hat, organisiert den Transport der Bilder aus *Paris.*

Sie beauftragt jedoch kein Umzugsunternehmen und schon gar keine Versicherungsgesellschaft, sie packt die Kunstwerke und das, was sonst noch so an Kunst und Kinkerlitzchen herumsteht, gut ein und übergibt Nicolas und ihrem Mann, Nicolas' Onkel Gustave, den Job. Stolze 912,7 Kilometer liegen zwischen A und B. Würde man sie heute zurücklegen, dabei über die A 6 und die A 7 sausen, über *Auxerre, Beaune, Bourg-en-Bresse, Lyon, Valence, Montélimar, Avignon, Aix-en-Provence* und *Cannes,* sich an die Geschwindigkeitsvorschriften halten und keine bemerkenswerten Verkehrsverhältnisse vorfinden, würde man dafür acht Stunden und 58 Minuten brauchen. Ein Klacks im Jahr 2012. 1968 braucht man dafür zwei Tage. Die beiden Männer nehmen einen *aéroplan* von *Nice* nach *Paris,* holen die Mietautomobile ab und finden sofort einen Parkplatz. Direkt vor der Tür! In *Paris!* Sie beladen im Schutze der Dunkelheit die *Renaults* mit den Millionenwerten und machen sich auf den Weg. Was sich in den Laderäumen der Transporter befindet, weiß ja keiner – und sie sind auch nicht so dumm, es irgendjemandem zu erzählen. Dennoch muss in den Pinkelpausen vorsichtshalber immer einer beim Auto bleiben. Mit eigenen Augen gesehen haben die Bilder bei *Bourg-en-Bresse* lediglich einige *Bresse*hühner, als Gustave die Tür zum Laderaum öffnet, um unerhörterweise einen ungewaschenen Finger in das Glas mit der *tapenade* zu tauchen. Nicolas, der sich indessen mit ein paar Kniebeugen erfrischt, wird ihm das bei der darauffolgenden Rast von seinem Anteil abziehen. Genau wie den in kameradenschweinischer Art abgezweigten Zitronenhühnchenschenkel und die *ganache.* Ohne Übernachtung ist die *mission* nicht zu Ende zu bringen und die Zudecke aus schwerer Verantwortung

In Manets berühmtem „Frühstück im Grünen“ *teilen sich zwei gut gekleidete Herren und eine nackte Dame eine trockene Semmel. In Picassos unbekannter* „Rast in den Disteln“ *geht es ungleich lustvoller zu.*

En route *war das Angebot für ernährungsbewusste Wagenlenker wegweisend: feine Rohkost und leichte, kalte Sößchen.*

lässt die Männer nicht so gut schlafen. Auch das Misstrauen, im Schlaf übervorteilt zu werden, verhindert, dass sich eine schlaffördernde, entspannte Grundstimmung einstellt. Vier Wochen nach der ersten *tour* machen Nicolas und Gustave die zweite, weil sie angeblich etwas vergessen hatten. Es ist durchaus möglich, dass sie die aber nur deshalb gemacht haben, weil bei der ersten der Reiseproviant so gut war.

À propos: Pablo Picassos ehemaliges *atelier* in *7, Rue des Grands Augustins* existiert noch immer. Und es ist kein Museum und kein Pilgerort. Es ist ganz *profane* eine Ferienwohnung gehobener Preisklasse. Unter dem Motto *„live like the locals"* blättert man 1.500 Euro pro Woche hin (um Weihnachten und Ostern sogar mehr) und kann ganz sicher sein, dass außer dem Himmel über den grauen Dächern von *Paris* nichts, aber auch gar nichts mehr an den Künstler erinnert. *Tant pis.*

Pablo a faim*

* Pablo hat Kohldampf.

Das Kapitel, in dem Picassos atelier *mal gründlich ausgefegt wird (auch in den Ecken), in dem die Ascherbecher geleert und Bücherstapel geradegerückt werden. Es wird vergessenes Geschirr eingesammelt, alles abgestaubt und rücksichtslos ausgemistet. Die Ziege wird aus dem ersten Stock in den Garten verwiesen, die Eulen und Tauben werden ausquartiert. Gemälde, Zeichnungen,* aquarelles, *Radierungen, Skulpturen,* collages, *Masken werden nach Datum und Motiv archiviert. Korrespondenz,* liaisons *und Lieben alphabetisch abgelegt. Liegen gebliebene* lingerie *wird unverzüglich expediert. Picasso (barfuß, in Shorts, mit nackter Brust) wird seine Albernheiten (Tanzen, Stierkampfspielen, Mummenschanz) einstellen, widerwillig den Stift weg- und obenrum ein Kleidungsstück anlegen, denn es kommt schon wieder Besuch. Pablo wird das quer gestreifte Samthemd zur quer gestreiften Wollhose wählen, er wird auf dem Esstisch Gläser mit Pinseln, Tuben, Zeichnungen und kleine Leinwände zusammenschieben, sodass drei Teller Platz finden. Und dann gibt's frittierte Stierchen* à l'espagnole.

Dem Thema Picasso ist wirklich nichts hinzuzufügen. 23.682 Ergebnisse liefert die Suche bei Amazon. Selbst im kleinsten Sortimentsbuchhandel füllt Picasso mehrere Regalmeter. Im größten Online-Archiv über den Künstler existieren 21.830 katalogisierte Kunstwerke, 11.819 Werknotizen, 4.451 Kommentare, 1.016 gelistete Sammlungen, 11.218 biografische Einträge, 1.003 biografische Kommentare, 4.041 Referenzen sowie 10.794 archivierte Artikel. Gibt man „Pica" – weiter braucht man nicht zu tippen – bei Google ein, erzielt man innerhalb von nur elf Sekunden 113.000.000 Treffer. Frauen, Exfrauen, Geliebte haben sich ausgiebig über ihn geäußert. Sein Sekretär Sabartés, Picassos Kinder, seine diversen Sammler, unzählige Journalisten und Fotografen haben Bücher über Picasso herausgebracht – und sogar ein Kochbuch ist längst geschrieben! *Mais non! C'est vraiment vrai?* Und was nun? Einpacken? Spazieren gehen? Frustessen? *Au contraire!* Bewusstes Buch von Ermine Herscher und Agnès Carbonell (erschienen 1996 bei Heyne, nur antiquarisch erhältlich) trägt den irreführenden Titel *„Zu Gast bei Picasso"*. Natürlich dürfen ausgerechnet wir irreführende Titel nicht allzu laut anprangern. Der eine oder andere hat sich sicher auf einen mondänen Puffbesuch in *Paris* gefreut und ist jetzt ganz traurig, in einem unaufgeräumten *atelier* im Hinterland der *Côte d'Azur* gelandet zu sein. Aber das vergeht, glauben Sie uns.

„Zu Gast bei Picasso" – nun, das klingt fast so, als hätte dieser Mann nichts Besseres zu tun gehabt, als permanent in der Küche zu stehen, um Leckereien für liebe Gäste zu zaubern. Doch damit wird man ja nicht der berühmteste Maler aller Zeiten mit dem größten *œvre* aller Zeiten. Picasso hat zwar dauernd Besuch und ist nicht gern allein. Er bevorzugt es jedoch im Grunde seines Herzens, ab und zu mit seinen Kindern, den Kindern seiner Frauen oder auch mit dem von Inès zu schabernacken. Er braucht die stete, aber nichts fordernde Präsenz eines ergebenen, schönen Weibes und eine gewisse erotische Grundspannung. Er genießt die Gesellschaft seiner

Mittagessen ist fertig. Dorade, *Fenchelgratin, Melonensüppchen,* crème brûlée. *Und wo ist Picasso? Der schläft noch.*

Ziege Esmeralda, er schätzt die Gegenwart von Eulen und die seiner Hunde Yan (Boxer) und Lump (Dackel). Aber Gäste? Nein, das hat er eigentlich gar nicht so gern, wie es auf all den berühmten Schwarz-Weiß-Fotos scheint. Gäste stehlen ihm die Zeit. Nur Cocteau, Prévert oder Éluard, den Haudegen aus alten Pariser Tagen, ist das Zeitstehlen immer gestattet, davon hat er selbst ja auch was. Die Jungs und er inspirieren sich gegenseitig, was das Zeug hält: Die Dichter dichten über den Maler. Der Maler malt die Dichter und dichtet sogar gelegentlich selbst. In der von den *surréalistes* kultivierten Technik *écriture automatique* kreiert er Texte wie Kaleidoskope, freie Assoziationen über Farben, Formen, Frauen, Gefühle und Gedanken. Ein Theaterstück hat er auch geschrieben – während der deutschen Besatzung von *Paris*. Es heißt „*Le désir attrapé par la queue*" beziehungsweise „*Wie man die Wünsche beim Schwanz packt*". Darin geht es um fünf Frauen und drei Männer und die Kälte und den Hunger, den Krieg und wie man es sich in schlimmen Zeiten ein bisschen gemütlich machen kann. Picassos Stück ist ungefähr so strukturiert wie sein *atelier* aufgeräumt – bei der Uraufführung im Jahr 1944 in *Paris*, einer szenischen Lesung unter der *régie* von Albert Camus mit Simone de Beauvoir und Jean-Paul Sartre in der ungeheizten Wohnung von Michel Leiris, wären wir gern dabei gewesen. Unter den Charakteren des absurden Stücks sind auch Lebensmittel: die Torte, die Zwiebel und das Klümpchen. In weiteren Rollen: die fette und die magere Angst, die Gardinen, die Wauwaus und – ein Schauspieler. Es ist ziemlich viel von Fleisch die Rede und der vielgestaltigen Lust darauf.

Der einzige Maler, den Picasso wirklich schätzt, ist Matisse, und den geht er lieber selbst besuchen, denn dann hat er die Kontrolle – jedenfalls einen Rest davon. Aus Picasso ist öffentliches Eigentum geworden und sein Privatleben gehört ihm nicht mehr. Inès Sassier, Vertraute, Köchin und Haushälterin, die wahre Frau an seiner Seite, hält in Picassos offenem Haus aus, was ihre

Aus unbestätigter, weiblicher Quelle heißt es, Picasso pflegte seine mesdames *mit selbst geschnitztem* croque-monsieur *zu charmieren.*

Einmal versteckte Picassos Köchin Inès drei côtelettes vom iberischen Schwein so dermaßen gut, dass Picasso sie sofort fand.

Dass Picasso nichts anbrennen ließ, kann hiermit einwandfrei widerlegt werden: Hier lässt er Piniennadeln auf Miesmuschelchen lodern.

Schwester Marinette schon nach wenigen Wochen in den Wahnsinn und in die Kündigung treibt: Planbar ist im Leben von Picasso nichts. Entweder ist – anders als gedacht – zum Essen keiner da oder – selbstverständlich unangekündigt – viel zu viele. Und wenn mal sehr viele angekündigt sind, kommt am Ende niemand oder ihr *chef* zieht mit allen und viel Getöse ins *restaurant.* Für zartbesaitete Köchinnen ist das nichts. Denn es ist ja durchaus interessant zu wissen, ob man gar nicht oder für 20 Leute einkaufen muss. Doch die Kunst der *improvisation* beherrscht Inès meisterlich. Picassos Kinder und auch ihr eigenes haben von Wundern gesprochen, die Inès während des Kriegs vollbracht haben soll. Sie konnte zum Beispiel aus nur einer einzigen Zutat das schönste Gebäck backen – aus nichts!

Inès kulinarisches *œvre* ist also gigantisch, das kulinarische *œvre* des Giganten aber ist winzig. Auch deshalb taugt Picasso nicht zum klassischen Gastgeber. Einen zweifelhaften Ruf genießt seine überwältigend einfache Schweineschmalzbrotpfanne aus in Milchkaffee getauchten Brotscheiben, deren Rezept wir Ihnen gern vorenthalten. Einmal gab es zu Ehren der Geburt des Sohnes des Stierzüchters Paco Muñoz *toritos fritos,* kleine frittierte Stiere, im Ganzen angerichtet auf einem tiefen Teller. Dabei handelte es sich allerdings nicht um ein Gelage, das man sich kaum vorstellen mag, sondern um eine kleine Tuschezeichnung – aber noch nicht einmal auf Esspapier. Pablo Picassos gemischte Fischplatten hingegen sind weltberühmt, aber essbar sind sie nicht, da aus Keramik. Die *inspiration* zu diesen Werken ist eine exzellente, große *sole meunière,* die eines späten Mittags *année* 1957 in *La Californie* mit einem Stück *baguette* verspeist wurde. Die Seezunge hat aber natürlich nicht Picasso gebraten, sondern Inès. Oder war es Jacqueline Roque, sein ihm angetrautes, 46 Jahre jüngeres Eheweib, weil Inès gerade mal wieder in *Paris* ist? Picasso soll übrigens in seinem Leben kein einziges Mal zum Ausgleich dafür, dass er nicht kocht, Geschirr gespült haben. Aber das haben Sie sich wahrscheinlich schon gedacht. Er hat auch noch nie die Gräten einer Seezunge so sauber abgenagt wie an jenem Tag, was nicht daran liegt, dass er plötzlich gefräßig wird. In einem begeisterten Anfall von schöpferischem Heißhunger drückt er die Gräten noch bei Tisch in feuchten Ton, Glasur drüber, fertig. So schnell kann Kunst gehen!

Große Fotografen, mit denen Picasso und sein großes Ego Freundschaft geschlossen haben, dürfen unter Picassos Dach sogar wochenlang verweilen, weil sie ihn nicht an der Arbeit hindern, sondern in Frieden seine Picasso-Sachen machen lassen. Wir wissen das, weil wir selbstverständlich sämtliche genannten Quellen und noch 80, 90 weitere studiert haben. Und wir haben auch mit Leuten gesprochen, die Picasso zwar kannten, aber noch nichts über ihn publiziert haben. Mit Nicolas Polverino zum Beispiel. Picasso, und darin sind sich alle einig, die über ihn Bücher geschrieben, Hymnen gesungen oder auch geschimpft haben, ist unersättlich – nach Arbeit, Häusern, Frauen, Liebe, *énergie,* Licht, Wärme. Für Essen interessiert er sich hingegen gar nicht so besonders. Es sei denn unter den beschriebenen ästhetischen, gestalterischen Gesichtspunkten. Der Picasso-Experte erinnert sich bestimmt an die ausgezehrten Gestalten der blauen *période,* die hohläugig und mit leerem oder blindem Blick über leeren Schüsseln und einer Brotrinde sitzen. Viele seiner Stillleben mit Essbarem entstehen, als es nichts zu essen gibt, als Picasso noch nicht der Gigant und/oder gerade mal wieder Krieg ist. Von Picasso gibt es herrlichste Lebensmittel – viele in Öl: Pfirsiche und Äpfel, Trauben, Kuchen, Schinken und Käse, Sardinen und Seezungen, Seeigel und Kalamare. Picasso nötigt allen, die an seiner Tafel sitzen, immer riesige *portions* auf, seine eigene Nahrungsaufnahme wird aber als frugal beschrieben. Es gibt Biografen, die sich wundern, woher der Mann seine Kraft nimmt, so wenig nimmt er zu sich. Zum Frühstück, welches selten vor zwölf stattfindet, weil Picasso oft bis zum Morgengrauen arbeitet (vorher kommt er wegen des vielen Besuchs ja nicht dazu), taucht er ein bisschen Brot in Milchkaffee. Und mit Salat hält er es am liebsten wie mit seinem Oberkörper: völlig ohne Dressing.

Es ist noch früh am Morgen, als ein aufgeregter Besucher unerlaubterweise auf Zehenspitzen durch Picassos vollgestopftes *atelier* schleicht. Hier herumzulaufen, ist eigentlich streng verboten. Picasso erlaubt es nur Kindern und Tieren, weil die, das hat er festgestellt, nichts kaputt machen. Pablo schnarcht ganz leise und manchmal hört man ihn im Schlaf kichern. Die Ziege Esmeralda schaut ins Leere und die Eulen verfolgen den Frühaufsteher bewegungslos mit strafenden Blicken. Der Frühaufsteher ist schockiert: Was ist das bloß für ein Durcheinander! Überall Sachen! Und neben diesen Sachen noch mehr Sachen! Unter den Sachen schauen Gegenstände hervor. Und dahinter sind Dinge und davor ist Zeug und zwischen all dem Leinwände, Zeichnungen, Keramiken, Plastiken, Fotos, Briefe, Lampen, Lumpen, Blumen, Hüte, Pinsel, Lappen, Teller, Flaschen, Bücher, Damenkleider, Gedichte, Zeitungen, Filmrollen, eine *guitare,* Kinderspielzeug, Masken, Zigaretten, *flacons de parfum.* Und dort? Eine *dorade!* Eine kalte Suppe. Gratinierter Fenchel. Eine *crème brûleé* mit zartem Lavendel. Zwei kapitale *côtelettes.* Und eine Schüssel mit brennenden Muscheln auf dem Arbeitstisch. Könnte es möglicherweise möglich sein, dass all das kein Zufall ist, sondern ein präzise arrangiertes Stillleben? Könnte sein.

PARDON MY FRENCH*

* Damn nice in Nice!

Das Kapitel, in welchem ans gleißende Tageslicht kommt, dass der glamour Hollywoods *nirgends schöner funkelt als an der* Côte d'Azur. *Wir zählen die Warner Brothers nach – und kommen auf elf. Wir legen uns in einem* Sunbeam Alpine Mark III, *den wir Cary Grant dreist entwenden, in der* Grande Corniche *über* Nice *gewaltig in die Kurve, um nicht aus der schmalen Spur dieses Kapitels zu fliegen, wobei wir möglicherweise die folgenden Themen streifen: 1. Die Geschichte des Films von ihren Anfängen bis zum 13. August 1958, 1:43 a.m. 2. Die Damenbademode von der spätrömischen Antike bis zum Spätsommer 1951. 3. Das* Riva Tritone *und seine Wirkung auf die weibliche Paarungsbereitschaft. Nach all diesen kulturgeschichtlich bedeutsamen Ausflügen schenken wir jedem, der eine* Hasselblad Series One *auf uns richtet, unser strahlendstes Lächeln, weil der lästige* paparazzo *noch nicht erfunden ist und unser Ruhm noch nicht groß. Wir verbringen mit einem zu Unrecht in Vergessenheit geratenen amerikanischen* movie star *einen trägen Tag am Meer. Während dieses Lichtspiels sitzen die Gebrüder Lumière kichernd, mit 3-D-Brillen auf der Nase, in einer* Hollywood-*Schaukel und rascheln mit dem Popcorn.*

Die zwei – sehr weit auseinanderstehenden – Kuppeln vom *Hôtel Carlton* in *Cannes,* so ist die Legende, sollen eine *hommage* des Architekten an den steilen Busen von *La Belle Otéro* sein. Diese *femme fatale par excellence* verzaubert im frühen 20. Jahrhundert reihenweise Großindustrielle, Könige und Politiker so dermaßen mit ihrem Tanz, mit ihrem Wesen und mit eben jenen zwei Wölbungen, dass sie ihr Kronjuwelen, Seelen, Königreiche, Villen und Millionen schenken – Reichtümer, die sie bald im *casino* von *Monaco* verspielen wird. Doch sie wird bis zu ihrem 97. Wiegenfest bei guter Gesundheit von ihrem Ruhm zehren, die allererste Filmdiva der Welt zu sein. In einer skandalösen Produktion aus dem blutjungen Hause Lumière, dem in Sankt Petersburg *on location* gedrehten Streifen *„Valse Brillante"* (1887) von einer knappen Minute Gesamtlänge, verführt sie einen hohen Militär – und das ist dessen *ruine.* Eine Minute entspricht etwa acht bis zwölf Metern Celluloid. In den Babyjahren des Films ist das der Durchschnitt. Im Vergleich mit anderen Produktionen aus dieser Zeit ist der *plot* jedoch geradezu unübersichtlich. Die ersten Filme der Erfinder des Films, der Brüder Auguste und Louis Lumière, sind temporeiche Action-Thriller wie *„La sortie des usines lumière" („Die Arbeiter verlassen das Werk")* und *„L'arrivée d'un train en gare de La Ciotat" („Ein Zug fährt in den Bahnhof von* La Ciotat *ein").* Diese kleinen Schlaglichter auf die Filmgeschichte sollen Ihnen den Umstand erhellen, dass *Hollywood* ohne die zwei großen Söhne der *Grande Nation* nichts weiter wäre als ein trister Stadtteil von *Los Angeles,* benannt nach einem garstigen Stechpalmenwald, der möglicherweise mal an jener Stelle gewachsen sein mag, wo heute dieser weltberühmte, ungeschlachte Schriftzug in nackten, karstigen Hügeln hockt und so tut, als besäße seine schiere Größe bereits *grandezza.*

Nach dem weltverändernden Dokupic *„Die Arbeiter verlassen das Werk"* geht es mit dem französischen Film also rapide vorwärts. Und er wird komplex! Handlungen

The light! The blue! The tarte Tatin of the *Weinbergpfirsich!* The lovely *Liegestuhl!*
The Hollywood diva will never, never go *nach* Hollywood *zurück*.

CHAMPAGNE
Charles Heidsieck

Die Leinwandschönheit aus Amerika genießt einen erfrischenden 12 o'clocktail en plein soleil.

und die *fiction* werden erfunden. Kulissen, Szenerien und sogar Schauspieler werden eingesetzt! Und zack, schon gibt es die Filmindustrie – und diese ist mit rund 80 Prozent bis zum Ende des Ersten Weltkriegs eine fast *complètement* französische *chose* und sie scheint sich für das Wirken von Brüdern besonders gut zu eignen: Die Brüder Charles und Émile Pathé bauen für die Gebrüder Lumière den Kinematografen und steigen dann selbst groß ins Produktions*business* ein. Ihre 1896 gegründete Firma Pathé Cinema gibt es noch heute.

Aus der *régie* kommt gerade – dem schon schwindelerregenden Erzähltempo und dem rasanten Schnitt zum Trotz – die Aufforderung, ein wenig mehr Gas zu geben *(Oh là là!)*, wir müssen es auf wenigen Seiten schließlich noch bis in die 60er-Jahre des 20. Jahrhunderts schaffen und dabei auch irgendwann mal aufs Essen zu sprechen kommen. Deshalb wird die weitere Entwicklung ab jetzt in schwindelerregendem Zeitraffer auf Ihre geistige Netzhaut projiziert: Kurz nach den *Roaring Twenties* beziehungsweise den *années folles*, also gleich nach dem Tanztee mit begleitender Jazzband und dem ersten Tonfilm der Welt, „*The Jazz Singer*“, erfinden herzlose *Hollywood*-Magnaten die *Hollywood*-Diät, mit der die Diven bis Drehbeginn auf Schmalfilmformat gebracht werden: Meeresfrüchte, blutige Steaks, Ananas, schwarzer Kaffee und Zigaretten. Der expatriierte Schriftsteller F. Scott Fitzgerald schreibt im *Hôtel Eden Roc* in *Juan-les-Pins* „*Tender is the Night*“ und pflegt mit den anderen eleganten Vertretern der berühmten *génération perdue*, der *Lost Generation* – Hemingway, T. S. Eliot, Ezra Pound etc. – am frühen Nachmittag zu dejeunieren, wenn die *terrasse* über den Klippen im Halbschatten liegt, es sei denn, es bläst der *mistral*. Die *american boys* dämmern über halben Hummern und ganzen Flaschen *champagne* recht angenehm einer kleinen, behaglichen, postkulinarischen Verzweiflung entgegen. Fitzgerald schreibt: „*Here was a generation ... Grown up to find all gods dead, all wars fought, all faith in man shaken.*“

Unterdessen nimmt die Entwicklung des Film*business* unaufhörlich ihren sehr rasanten Lauf. Das *„all wars fought"*, alle Kriege sind gekämpft, erweist sich leider als Irrtum. Bald kommt der Zweite Weltkrieg, aber vorher kommt noch der Zwickelerlass für das Badevergnügen an preußischen Seen. Auf der anderen Seite des großen Teichs warnen amerikanische Christen ihre jungfräulichen Töchter eindringlich, das Kino zu meiden: *„Boycott the movies! Hollywood is the Sodom and Gomorrha, where the international Jewry controles vice, dope, gambling. Young girls are raped by Jewish producers, directors and casting directors, who go unpunished."* In der Zwischenzeit drehen die Franzosen geschickt Film um Film an der deutschen Zensur vorbei und ein paar amerikanische Filmmogule besteigen ein transatlantisches Luftschiff, das sie von *Long Island* über die Azoren und Lissabon nach *Marseille* trägt, und übernehmen, obwohl noch ganz dehydriert von der langen Reise (28 Stunden) und von der *prohibition,* augenblicklich im Filmgeschäft die *régie.* Nur das Gesetz, dass in den Kinos nach sieben amerikanischen eine französische Produktion zu sehen sein muss, rettet den französischen Film. Kurz nachdem die internationalen *block buster „La belle et la bête"* von Cocteau und *„Les enfants du paradis"* (Drehbuch: Jacques Prévert) in den *studios de la Victorine* in *Nice* abgedreht sind und der Zweite Weltkrieg endlich vorbei ist, wird ausgerechnet in den USA der *Film Noir* erfunden – und der ambivalente weibliche Charakter! *Tout le monde* läuft in Diors stoffverschwendendem *New Look* herum und im Pariser *Piscine Molitor* feiert der vom Autodesigner Louis Réard kreierte *bikini première* – eine kritisch-erregende Antwort auf die amerikanischen Atombombenversuche im Bikini-Atoll. *„Le bikini! La première bombe anatomique."* War natürlich erst einmal ein Skandal, die viele Haut, dann aber doch ganz erfolgreich. Allerdings auch schon mal dagewesen: In der spätrömischen *Villa Casale* auf Sizilien machen schlanke, junge Frauen in trägerlosen Zweiteilern etwas wie rhythmische Sportgymnastik. Auf einem Mosaik von circa 312 nach Christus! 1951

Auf dieser imposanten Yacht soll es zwischen der diva *und dem Smutje (der erotisierendenWirkung des Lamm*quarrée *wegen) zum Äußersten gekommen sein.*

Nur mit Mühe konnte sich „Et Dieu créa la femme" – „Und ewig lockt das Weib" – *mit Brigitte Bardot gegen diesen kulinarischen Autorenfilm mit Meeresfrüchten durchsetzen.*

Große Filmmagnaten servierten großen Diven gern ein kleines gratin von fromage blanc *und* fruits rouges. *Es macht auch heute noch willenlos.*

zeigt die Juni-Ausgabe von *Harper's Bazaar* auf dem Titel ein *girl* im quer gestreiften Arbeitshemd südfranzösischer Fischer. In *Cannes* sind schon wieder internationale Filmfestspiele. In Marlon Brando entflammt die Liebe zu einer Fischerstochter aus *Bandol.* Und Ferien werden modern. Jacques Tatis *Monsieur* Hulot macht welche und die Pariser reisen in die Provinz. Sie buchen Zimmer in Hotels wie *Winterpalace* oder *Majestic,* die im 19. Jahrhundert errichtet wurden, um angelsächsische Blaublütige ein bisschen weniger blass durch die kalte Jahreszeit zu manövrieren. Julia Child, die erste Fernsehköchin der Welt, versucht, den Amerikanern mit *„Mastering the Art of French Cooking"* die Liebe zu *TV dinner* und Instantsuppen wegzukochen. Man trinkt trockene statt süßer Weine und trägt entblößte Froschschenkel zur Schau. Im kleinen *Nice* gibt es 37 Kinos.

„That's enough!" Vier sehr berühmte amerikanische Brüder (Ha! Brüder! Schon wieder!) wollen nun endlich auch mal *francophiles* sein. Sie klopfen sich den Präriestaub von den *blue jeans,* nehmen den Kaugummi raus und fliegen mit *Pan Am* Richtung Osten. Endlich auch mal an die *Côte d'Azur!* Hirsz, Aaron, Szmul und Itzhak Wonskolaser, damals schon sehr bekannt als Warner Brothers (Harry, Albert, Sam und Jack), planen, das eine oder andere Filmchen an der *riviera* spielen zu lassen, *„'cause it's so moltow pitorescow".* Jack Warner findet es an der *riviera* so *nice,* dass er gleich ein Haus am Milliardärshügel *Cap d'Antibes* shoppt – ein weißes *Art-Deco*-Träumchen mit dem ins Leben verliebten Namen *Villa Aujourd'hui.* Und dann drehen die Brüder an der *French Riviera* amerikanische Filme, dass einem schwindelig wird. Ton brauchen die Warners dafür natürlich auch. Als er die *frères* Warner kennenlernt, ist unser Hauptdarsteller Nicolas Polverino in der Ausbildung zum Tonmeister der *studios de la Victorine* und noch keine 20, aber er versteht es, das Mikrofon über die Stars zu halten wie ein Alter. Nie, aber auch nie ist der Puschel im Bild! Bedauerlicherweise ist Nicolas aber auch die *discrétion*

in *personne*, weshalb unsere Hoffnung, die Stimmung kurz vor Feierabend noch mit ein paar spät gelüfteten *scandales* anzuheizen, leider unerfüllt bleibt. Auch zu Schwelgereien in Erinnerungen an eigene Liebschaften möchte Nicolas sich aus Rücksicht auf die Gefühle seiner über alles geliebten Jany nicht hinreißen lassen. *Merde!* Wir haben so sehr auf Affären und *amours*, auf Ehebrüche und *escapades* gehofft, auf *scènes* und Geschrei. Ohnmachten und Rausch. Verführung am Nachmittag. *Tête à têtes* auf Riva-Booten. Französische Küsse in amerikanischer Nacht*. *Rien*. Es scheint, als hätten zwar damals in allen Hotelzimmern Aschenbecher auf den Nachttischen gestanden, doch mit mehr Verruchtheit können wir nicht dienen.

Einzig diese wenigen, zwar etwas überbelichteten, aber nicht unprofessionell wirkenden Fotos aus dem Jahr 1951 könnten eventuell Anlass zur Rekonstruktion einer kleinen Romanze geben. 1951 ist das Jahr, in dem Merle Oberon und Nicolas Polverino gemeinsam die Komödie *„Pardon my French“* drehen. Wir haben diese Bilder zufällig auf dem Zwiebelmarkt in *Aups* im *Département du Var* gefunden. Leider ist die Frau nicht eindeutig zu identifizieren. Die Bilder sind ja an Unschuld kaum zu überbieten – und das zu einer Zeit, in der Brigitte Bardot die Sexbombe erfindet und in den darstellenden Künsten eine große Vorliebe für das Explizite festzustellen ist. Es fragt sich nur: Wer ist der schüchterne Fotograf? Und wem gehört die imposante Yacht? Jack Warner? Peter O'Toole? Paul Henreid? Victor Merenda? Onassis? Wem gehört der herrliche Liegestuhl? Wer hat gekocht? Und was, in dieser Affenhitze? Ist die *lady* denn nicht auf Diät?

*a) Filter, mit dem am Tag Nachtszenen gedreht werden und b) ein Film von François Truffaut, in dem er einen *régisseur* spielt, der in den *studios de la Victorine* einen Film dreht.

Das Meer leckt an den Bäuchen der Boote und Wasser trägt weichen Jazz über die Bucht der Milliardäre. Schöne Frauen lachen laut, leise platzen im champagne *die Bläschen. Ist* la vie *nicht* belle?

LA PETITE *Révolution* FRANÇAISE*

* Mrs. Simpson, jetzt reicht's!

Das Kapitel, in welchem nicht nur der Leser, sondern vor allem eine gewisse amerikanische parvenue *aus* Baltimore, *die bürgerliche, zweimal geschiedene Wallis Simpson,* Duchess of Windsor, *geborene Bessie Wallis Warfield, und der ihr vollkommen ergebene englische Exkönig Edward VIII. die höchst respektable Köchin Jeanne Polverino, geborene Odorici, Katholikin vom Blute stolzer Neapolitaner, Tochter unbeugsamen südfranzösischen Proletariats, mal so richtig kennenlernen sollen. Der Leser wird Jeannes Mangel an Respekt vor eingebildeter* souverainité *teilen und ihr bereitwillig zur Hand gehen, wenn sie das herzögliche Tafelgeschirr aus feinstem chinesischen Knochenporzellan in Scherben legt – mit vor Empörung bebendem Busen und in gerechtem Zorn. Jeanne Polverino, geborene Odorici, erteilt so einer, die unverschämterweise meint, ihre Zigaretten im unberührten* dessert (pêches pochées à la verveine!) *ausdrücken zu dürfen, so einer, die nicht weiß, wer die Herrin in diesem herrschaftlichen Haus ist, eine Lektion in französischer* révolution, *dass es ein Fest ist.*

„*Unerhört!* Je m'en vai. Io vado. *Also sowas! Echt. Ich gehe!*" Jeanne Polverino hat ja schon vieles erlebt in ihrem Leben. Wir schreiben immerhin ungefähr 1950 und sie ist ungefähr 40. Inzwischen kennt sie sich mit den *caprices* des *jet sets* aus, aber was diese Herzogin von Windsor ihr serviert, das ist wirklich allerhand. Jeanne wird mit ihrem Arbeitgeber, mit Christian Dior, ein Machtwörtchen reden müssen. Was fällt ihm ein? Sie einfach auszuleihen! Sie ungefragt abzukommandieren! Was fällt Dior ein, Jeannes Künste einer dermaßen hochtrabenden, dekadenten Person anzudingen, die mit ihren Händen nichts anzufangen weiß, als neue *couture* zu befühlen, ihre hässlichen Möpse mit „*Miss Dior*" einzusprühen, sich neue Juwelen auf die Finger und über die ach so schlanken Gelenke zu schieben, neue Klunker an die flache Brust, die Ohren und um den mageren Hals, während Edward sie mit schmelzendem Blick anschaut und zwischen zwei sehr, sehr tiefen Zügen aus seiner Filterlosen wieder und wieder an seine berühmt gewordenen Worte denkt, mit denen er vom *trône* zurücktrat: „*Ach, da sitzt sie, ohne die ich die schwere Verantwortung meines Amtes nicht tragen kann,* the woman I love! That's great, *ist es nicht? Hat ohnehin gedrückt, die blöde Krone, und sie sieht zu meinen* Glenchecks *einfach nicht gut aus.*" Edward, der *playboy,* der höchst attraktive Kampfflieger und *womanizer,* der nichts anbrennen lässt, wirft für Wallis seine Krone in den königlichen Staub des *Buckingham Palace* – und alle Welt fragt sich warum. Wallis Simpson werden Ungeheuerlichkeiten nachgesagt, mit denen sie den begehrtesten Junggesellen Englands geistig, seelisch und körperlich abhängig gemacht haben soll. Zum Beispiel chinesische Erotiktricks, erlernt in einem Hongkonger Freudenhaus. Wallis' schmale Hüften geben sogar Anlass zu der Behauptung, sie sei gar keine Frau. Doch der verliebte Edward bläst blaue Kringel in die aprikosenfarbene Luft über der *Côte d'Azur* und ist aufgeräumtester Stimmung: „Ah, Douce Vie! *Keine Arbeit. Keine Untertanen. Keine Termine. Und im* exil *erlebt man viel!*"

Wer mit Wallis Simpson und Edward VIII. in deren südfranzösischer résidence tafeln darf, kann sich auf einen außerordentlichen Abend gefasst machen.

Seine Herzenskönigin plant nämlich, mal wieder Hof zu halten. Und auf den hochkarätigen Fotos dieses glamourösen Ereignisses, dessen ist sich Edward so sicher wie des Amens in der anglikanischen Kirche, die ihm verbot, eine Geschiedene zu heiraten, solange deren Männer noch leben, wird die Welt wieder einmal sehen, was für eine todschicke *Queen* sie sich da hat entgehen lassen. Die internationalen Glanzgazetten werden entzückt sein und die *Royal Family* wie immer *not amused. What a pleasure!*

Neben dem Ausrichten berauschender *cocktail parties,* mondänster *dinners* und der Pflege ihres exquisiten Stils soll Wallis der *obsession* nachgehen, sich mehrmals täglich zu wiegen. Schon ein Plus von wenigen Hundert Gramm kann ihr mächtig die Laune verderben, denn sie ist von der Schreckensvorstellung beherrscht, ihre vollkommen fettfreie Figur zu verspielen. Der viel zitierte Satz *„A woman can never be too rich or too thin."* stammt von ihr – und dass *couture* an dünnen Damen besser aussieht als an dicken, ist leider eine Tatsache. Mit einem Wämpli hätte Wallis auch nicht in die skandalösen Entwürfe der fulminanten Elsa Schiaparelli hineingepasst, einer eindrucksvollen *selfmade woman* und Schwester im Geiste, Freundin von Dalí, Picasso und Cocteau. Sie hat ebenfalls etwas sehr Bemerkenswertes gesagt: *„Never adjust the dress to your figure, but your figure to the dress."* Es ist absolut unvorstellbar, dass die Herzogin von Windsor das berühmte Hummerkleid von Dalí und Schiaparelli, in dem sie für die *Vogue* posiert hat, nach ein paar ausgelassenen Wochen des Lebens im französischen *exil (Foie gras! Sole meunière au beurre blanc!)* zur Änderungsschneiderin trägt, mit der Bitte, an den Seiten zwei Zentimeterchen rauszulassen. Jenes Kleid, das gerade im *Metropolitan Museum of Art* zu bestaunen war, hat eine Taillenweite von nur 55 Zentimetern. Das entspricht etwa dem Umfang der Wade eines weniger verbissenen Weibes, das unter der dicken Scheibe Landpastete auf der dicken Scheibe

Am Tag vor der zweiten französischen révolution *wurde großbürgerlich eingekauft und königlich gekocht. Sogar geflämmte* mousse *von der Entenleber.*

Die magere Wallis Simpson trug Konfektionsgröße 32, denn Konfekt ließ sie stets links liegen. Magret au canard *und* bœuf à la Roger Vergé *dummerweise auch.*

Landbrot die Landbutter dick aufträgt, weil's schmeckt! *À propos* Streichfett: Nur mit großer Mühe konnte die große Schiaparelli sich gegen Dalís Wunsch durchsetzen, dem bodenlangen, zartseidenen Hummerkleid mit einigen großen Klecksen echter *mayonnaise* noch mehr Drama zu verleihen. *La Duchesse* mag es ohnehin lieber streng. Inzwischen trägt sie Diors *New Look,* sehr kleine Schwarze von Chanel, Balenciaga und Givenchy – in Größe 32.

Wallis Simpson, *Her Royal Highness,* wie sie von Jeanne angesprochen zu werden wünscht, plant also trotz ihrer Unfähigkeit zur Hingabe an Sinnlicheres als an die *élégance* und an ihren Edward (der sich hauptsächlich von Zigaretten ernährt) eines schönen Tages in einem Jahr, das längst vergangen ist, ein *banquet,* wie es nur Könige ausrichten. Eine gänzlich unamerikanische *dinner party* soll es werden, in ihrem *Château de la Croë* bei *Antibes.* Dort erholt sich das Skandalpaar von seinem Pendlerdasein zwischen der *suite* im 37. *floor* der *Waldorf Towers* in *New York* und den *Bahamas („My goodness, the heat!").* Edward wurde von Winston Churchill dorthin befohlen, damit er etwas zu tun hat, irgendwo, irgendwas, warum nicht *gouverneur* – Hauptsache, er ist nicht in England!

Die *idée* für dieses *banquet* hat Wallis guter, lieber und lebenslang leicht übergewichtiger Freund, Leib*couturier* und südfranzösischer Nachbar. Es ist der *chef* von Jeanne, Christian Dior. Es soll ein Fest werden im *look* des vorrevolutionären Klassizismus, dem Stil, der am Hofe von Louis XVI. (1754–1793) gepflegt wurde. In ihm fühlt Dior sich zu Hause und auch wie im Himmel, denn Louis' Stil findet er unübertrefflich. Er ist übrigens jener König, der von der französischen *révolution* zum Tod durch die *guillotine* verurteilt wurde. Seiner ebenfalls geköpften Gattin Marie Antoinette wird, fälschlicherweise allerdings, ein berühmter Satz in den Mund gelegt. Er ist so dermaßen impertinent, dass er schon wieder bezaubernd ist: *„Wenn die Armen kein Brot* *haben, sollen sie doch* Brioche *essen.*“ Wählerstimmen gewinnt man damit nicht. Wenn Louis XVI. und seine Marie Antoinette eine *dinner party* gegeben haben, wurde monströs aufgefahren, und das heißt nicht drei Gänge plus zwei Sorten Nachtisch. Man präsentierte zu Repräsentationszwecken in mehreren aufeinanderfolgenden Serien überbordende Tafeln mit unfassbar vielen verschiedenen Speisen. Auf einmal, an meterlangen Tafeln und meterhoch. Ganze Tiere wurden mit ganzen Tieren gefüllt und alles, was Fisch war oder Fleisch, musste aussehen, als würde es noch leben. Dafür wurde es nach dem Garen wieder in sein hautenges Fell- oder Federkleid gesteckt. Tausende Blumen verströmten berauschende Düfte und pro Gast brauchte man mindestens einen Diener. „*Waließ,* chérie, *etwas Entzückendes in dieser Art kann meine Jeanne ganz bestimmt für dich zaubern*“, sagt Dior zu Wallis, „*kannst sie haben. Sie sei dein.*“

Nachdem dieser Leiharbeiter*deal* zwischen Wallis und Christian hinter dem Rücken von Jeanne besiegelt ist, werden in den Pariser *ateliers* bereits die von Dior entworfenen Louis-XVI.-*Livrées* für Jeanne und ihren Stab genäht (19!). *Perruques* werden geknüpft und auch gepudert. Wallis weist ihren *chauffeur* an, den *Bentley* unverzüglich nach *Cannes* zu Jeannes Hauptquartier zu lenken. Ohne zu klopfen, öffnet sie die Tür. Ohne sich vorzustellen, fordert sie: „*I want to party and I want it now!*“ Doch da muss Jeanne sie enttäuschen. Was sie ihr aber bieten kann, ist eine Kostprobe französischer *révolution. La Duchesse* möge sich einen Termin geben lassen und sich ein zweites Mal herbemühen. Ohne Termin bespricht eine Jeanne Polverino mit niemandem gar nichts! Und noch weniger mit der! Sie nimmt den Auftrag Dior zuliebe an, doch ihr Urteil über diese dreiste, dünne, respektlose, hochnäsige und geringschätzige Person ist gefällt. Unwiderruflich.

Jeanne und ihr ausgeprägtes Pflichtbewusstsein fahren also mit *chauffeur* und *Bentley* zum Blumenmarkt, sie

Diesmal sollte Cary Grant an der Côte d'Azur *keine Juwelen,*
sondern die Roquefort-*Walnuss*-tarte *stehlen.*

fahren mit *chauffeur* und *Bentley* Suppengrün, Fasane, Rehe, Hasen, Wildschweine, Rinder, Enten, Gänse, Aale, Seewölfe, Kaviar, Lachse, Hummer, Seezungen, Langusten, Flusskrebse, Austern, Schnecken, Froschschenkel, Butter, Sahne, Milch, Eier, *fromage,* Melonen, Beeren, *oranges,* Pfirsiche und ein bisschen was zum Knabbern für rund 20 Personen einkaufen. Gut möglich, dass Wallis mit ihren spitzen Knöcheln darauf pocht, aus Gründen der höfischen Sitte und der Stilreinheit auch Schwäne, Reiher und Pfauen zu shoppen. Ein Rezept dafür hat Jeanne jedenfalls nicht hinterlassen. Jeanne bringt die Einkäufe in die Küche, sie backt, braut und sautiert, dünstet, montiert, filetiert, bruliert, glasiert, bruniert, drappiert, haschiert, karamellisiert, passiert und dekoriert drei Tage und drei Nächte lang. Doch servieren wird sie nicht! Sie macht die Abrechnung. Sie legt das Wechselgeld auf die *centimes* genau auf den Küchentisch. Sie löst, unmittelbar vor dem Eintreffen der Gäste, die Schleife ihrer Schürze und lässt sie *nonchalant* vor Wallis zu Boden fallen. „*Wir sind dann mal weg.* Bonne soirée!"

Auf dem Weg nach Hause, nach *Mougins,* summt Jeanne zufrieden mit sich und der Welt die *Marseillaise.* Zu diesem Zeitpunkt versucht Edward vergeblich, aus den Enten die *suprêmes* zu schneiden. Und der Hausmeister versucht, einen Teller auf einmal zu servieren. Ein Gast (Cary Grant?) stellt sein Zippo zum Karamellisieren der Entenleber*mousse* zur Verfügung. Die Möpse merken, dass sie Maronensuppe mögen, und niemand weiß, wo denn der Korkenzieher ist. Wallis, die Königin ohne Reich, ohne Krone und ohne Untertanen, denkt währenddessen, ohne es zu wissen, über den ersten Satz von Artikel 3 der Erklärung der Menschen- und Bürgerrechte vom 26. August 1789 nach: „*Le principe de toute souveraineté réside essentiellement dans la nation.*" – „*Der Ursprung jeder Souveränität liegt ihrem Wesen nach beim Volke.*" Wohl bekomms!

Das Geflügel, das Wallis Simpson zu servieren gedachte, sah aus, als würde es noch leben. Die geräucherte Entenbrust hatte einen Puls von 80.

Jeanne Polverino, die standes- und selbstbewusste Haushälterin und Köchin, hinterlässt mit ihrem rebellischen Abgang bei Wallis Simpson einen bleibenden Eindruck.

VITE, CLEMENS, VITE*

* VOLLGAS, CLEMENS, VOLLGAS!

Das Kapitel, in welchem Sie dem Mann begegnen, der an allem schuld ist. Er ist eine Koryphäe auf dem Gebiet des grand bordel *(Konkubinen, Konkurse, Kapriolen) und eine noch größere auf dem Gebiet des* savoir-vivre *(Essen, Trinken, Motoren, Frauen, Frankreich-Reisen). Seine* mode de vie *hinterlässt bei Umwelt, Ehefrauen, Kindern und Enkeln bleibende Eindrücke, in Teilen auch das Verlangen nach Nachahmung und einen permanenten* appétit *auf* steak frites. *Sie nehmen im Jahr 1958 mit der Startnummer 61 auf einem* Heinkel-*Roller des Modells* Tourist *an der berühmten* rallye Cannes–*Genf*–Cannes *teil, obwohl Sie lieber einen* Alfa Disco Volante *gesteuert hätten. Aus Trotz und Leichtsinn fahren Sie ohne Helm, vernünftigerweise jedoch auch ohne Seidenschal, was Ihnen das Schicksal der Isadora Duncan erspart, über* Nice *infolge Seidenschalverhedderung in den Speichen des offenen Sportwagens (einem* Bugatti*) den Tod durch Strangulation zu finden. Nach diesem Schreck trinken Sie mit Stephan Hippes Großvater und der Vorsitzenden der* Fédération du Scoutisme Français *einen* Pernod *auf die deutsch-russisch-französische Freundschaft und auf die Wassertemperaturen in* Nice *im Oktober.*

Der Motorroller *Heinkel Tourist* aus dem Hause Ernst Heinkel Flugzeugwerke ist ein Nachfahre der *Junkers Ju 88* und des im Projektstadium stecken gebliebenen futuristischen Senkrechtstarters *Heinkel Lerche,* für den keine profanen Tragflächen geplant waren, sondern ein Ring um gegeneinander rotierende Propellerschrauben, stellen Sie sich das einmal vor! Seine Herkunft aus der visionären Luftfahrt sieht man dem *Heinkel Tourist* nicht sofort an, denn seine *silhouette* erinnert eher an eine sehr große Kellerassel. Die absolut aufrechte Sitzposition des Fahrers (erst recht im Vergleich zur liegenden des Piloten in der *Lerche)* lässt zudem jeglichen Ausdruck von (Aero-)Dynamik und Potenz vermissen. Als Pilot des *Heinkel Tourists* beeindruckt man stattdessen mit properer Wirtschaftswunderheiterkeit. Die über zwei Meter langen *Heinkel*-Roller sieht man in den 50er-Jahren nicht selten mit zwei rosigen Sommerfrischlern und großem Gepäck wacker die Schweizer Alpen überwinden. Auch interessant ist in diesem Zusammenhang, dass der Bezeichnung *touriste* nicht schon immer *haut goût* anhaftet – im Gegenteil: Ein *touriste* zu sein, so auszusehen und einen zu haben, hat *grandeur.* Durchaus möglich, dass diese glücklichen Urlauber auf dem Weg an die französische *riviera* auf der Höhe von *Cinque Terre* ein *paperino* überholen, ein „Entchen", wie die *Vespa* in Italien hieß – und es kann sogar sehr gut sein, dass die *Heinkel*-Piloten ihren Roller für rund 1.790 Deutsche Mark bei einem gewissen Clemens Borkert zu Hannover erworben haben, dem Mann, zu dem unser französisch kochender Küchenchef Stephan Hippe, wenn er dann endlich geboren ist und auch ein bisschen sprechen kann, einmal Opa sagen wird. Dieser Clemens Borkert ist, sagen wir es mal so, außerordentlich begeisterungsfähig, wodurch es gelegentlich zu ernsten Verstimmungen bei seinen Vertragspartnern kommt, zum Beispiel bei seiner ersten Ehefrau. Denn Clemens überrascht sie gleich nach seiner Rückkehr aus dem Krieg quasi mit seinem ersten Direktimport, einer estnischen Primaballerina aus Tallinn. *„Meine Liebe, das ist übrigens deine*

Auf der Höhe von Moustiers-Sainte-Marie *vereitelte 1958 der Duft einer* tarte pissaladière du midi *den Sieg für Deutschland bei der* rallye Cannes–*Genf*–Cannes.

Nachfolgerin und zu ihr wird mein großartiger Enkel eines schönen Tages Oma sagen. Ist das nicht schlichtweg formidable ?“

Neben dem starken Drang nach der Inszenierung von großem Durcheinander muss sich in Borkerts Erbgut auch ein dominantes Gen für Frankophilie im Allgemeinen und für Frankreichs Automobile im Besonderen befinden. Zwar verdient er das Brot für die Familie mit dem *Heinkel*-Roller, doch für den Kuchen importiert er rassige *Renaults, sexy Simcas* und außerdem italienische *Alfa Romeos.* Das läuft sehr gut, denn es macht ja sonst keiner. Des Spaßes aber noch nicht genug und weil es ihm dort so gut gefällt, veranstaltet *le Clemens* auch Auto- und Motorradrennen im schönen Südfrankreich. Ein verblichenes Fotodokument, das uns vom französischen Geheimdienst zugespielt wurde, zeigt *Monsieur* Borkert 1958 als einen wohlbeleibten Mann, der so gut gelaunt aussieht, wie nur jemand aussehen kann, der an diesem noch jungen Tag schon mindestens einmal Austern verzehrt hat. Er trägt einen eleganten sommerlichen Dreiteiler, steht unter Palmen und neben vier *Heinkel*-Rollern mit den handgemalten Startnummern 61 bis 64.

In jenem Jahr stiehlt Clemens Borkert der *rallye Monte Carlo* nachvollziehbarerweise mit der ersten von ihm organisierten Motorroller*rallye Cannes*–Genf–*Cannes* ganz gehörig die Schau. Dass die 58er *rallye Monte Carlo* ein *Renault Dauphine 4CV* gewinnt, ist sicher nicht zum Schaden von Clemens’ Alleinvertretung für *Renault* in *l’Allemagne.*

Im folgenden Jahr beginnt Clemens mit der Vollgas-Franzifizierung seiner Tochter: Er nimmt sie mit auf eine Bildungsreise an die *riviera.* Die Fahrt im *Alfa Giulietta Sprint Veloce* – sicher, rasant und ohne Gurt – via *Reims* und *Paris* beinhaltet den Auftrag an das Kind, einerseits einen Aufsatz über die *cathédrale* zu verfassen und andererseits unbegleitet einen Besuch im *restaurant* zu

Eine Bestzeit erzielte im Heinkel-*Roller-Rennen 1963 ein Außenseiter: das schnittige* coq au vin „revisité“.

Nicht sehr gut zu erkennen, doch hier liegt der Pressefotograf Wladimir Abukow mit seiner Leica im Ginster, um die jeden Moment erwartete Spitze der Motorrollerrallye in voller Fahrt zu schießen.

absolvieren. Das wird auch Zeit. „*Meine liebe Tochter, sei erwachsen. Du bist zehn!*“

Beim zweiten französischen Mahl der Reise handelt es sich um das *restaurant* des Eiffelturms, wo das Kind aus erzieherischen Gründen *steak frites* verzehrt, *saignant,* also blutig. Das erweist sich als Schlüsselerlebnis und zieht eine nicht minder heftige chronische Infektion mit dem Frankophilievirus sowie eine ausgeprägte körperlich-seelische *steak-frites*-Abhängigkeit nach sich. Der Zustand des Kindes verschlimmerte sich noch einmal deutlich in Genf, wo Vater Clemens ihm warmen, duftenden Kochschinken mit lauwarmem Kartoffelsalat vorsetzt. Trotz der ausgeprägten Schwäche für das französische Essen ist die Haltung des Mädchens, zu dem Stephan Hippe später einmal Mama sagen wird, bei Tisch ohne jeglichen Tadel: Stets bleibt zwischen dem aufrechten Rücken und der Lehne eine Handbreit Platz, niemals berühren die Ellenbogen den Tisch.

Temperatur und Farbe des Mittelmeeres bei *Cannes* und die Begegnung mit Wladimir Abukow, einem Auftragsfotografen aus Odessa, und dessen gleichaltrigen Töchtern tun das Ihre, in dem Kind die unerschütterliche Gewissheit zu verankern, dass es auf der ganzen Welt nichts Schöneres gibt als Südfrankreich. Die Liebe des Mädchens zur französischen Küche bleibt groß. Auch nachdem es im *restaurant* vom *Hôtel Méditerranée* am Yachthafen von *Cannes* (heute beherbergt es einen McDonald's) so viel isst, dass es davon meeresalgengrün wird und der Arzt kommen muss. Clemens ist der Ansicht, es wäre rücksichtsvoll von dem Kind gewesen, nicht ausgerechnet in solch einem teuren Hotel zu erkranken, da sich die Arztrechnung nach dem Preis des Zimmers richtet.

Monsieur Clemens Borkert aus Hannover und *Monsieur* Wladimir Abukow aus Odessa werden in *Cannes* dicke Freunde. Warum, weiß niemand – und sie selbst auch nicht so genau. Sie reden nicht viel und schon gar nicht darüber. „Oui, oui, *der Krieg ... Was soll man sagen?*“ Wenn *Monsieur* Abukow wollte, dann könnte er auch auf Deutsch nicht darüber reden, so wie *Monsieur* Borkert auf Französisch. So verbringen die Männer in größtem Einverständnis Stunden damit, über einem, zwei oder drei *Pernod* und einer Zeitung miteinander zu schweigen und an der Veränderung des Meeresblaus die Stunde abzulesen – und die Zeit, die noch bis zur nächsten mehrgängigen Mahlzeit verstreichen wird.

Clemens' Tochter und Stephans zukünftige Mutter begutachtet unterdessen der Vollständigkeit und der Abwechslung halber mit Wladimir Abukows Töchtern und den französischen Pfadfinderinnen, die zu unserem großen Erstaunen vollkommen unfranzösisch *scouts* heißen, für lange, herrliche Wochen die französischen Alpen und schließt Freundschaften fürs Leben. Ihr Fähnlein hat den schönen Namen *„Les Éclaireuses“* – „die Späherinnen“. Jetzt schießt natürlich jedem aufmerksamen Leser die Frage durch den Kopf, warum mit Pudding gefüllte Brandteigkrapfen *éclairs* heißen, und wir geben zu, darauf *partout* keine Antwort zu haben. Derweil schießt *Monsieur* Abukow auf Clemens' französischen Roller-*rallyes* die Pressefotos. Wenn keine *rallye* ist, schießt er am Strand Erinnerungsbilder von glücklichen internationalen Sommerfrischlern in ihren nach der Mode der Zeit ziemlich geräumigen Badehosen und bauschigen Bikinis. Seine Filme entwickelt der liebe Mann in seinem kleinen Strandbüdchen in einer kleinen Dunkelkammer. Das winzige Ding gibt es auch heute noch, doch Rollfilme, *quelle tristesse,* kann man dort jetzt nicht mehr kaufen. Sicher haben Sie sich schon gefragt, wo denn bloß *Madame* Abukow steckt. Diese Frage möchten wir mit einer dringenden Warnung für kommende heiße Tage beantworten: Bitte, bitte, meiden Sie die Kombination von großen Mengen Mineralwasser und Wassermelonen! *Madame* Abukow, es ist wirklich kaum zu glauben, ist daran gestorben.

Rennsport zehrt! Pannen wurden für kleine Dopings genutzt: Aprikosen in Mandelteig oder Brikhörnchen mit Kompott aus Cavaillon-Melone und Gorgonzola.

In der Champagne *soll man Siege ruhig mit* champagne *begießen. In der* Provence *zelebriert man das mit einem deftigen Mahl und Orangenwein zum* apéritif.

Rasant und ebenfalls traurig ist die Entwicklung, die Clemens Borkerts Geschäfte nach 1963 nehmen. Zwar hinterlassen *la vie douce* und die *cuisine française* um Clemens' Körpermitte deutliche Spuren, die auch dann noch auf Wohlstand schließen lassen, als sich sein Autohandel infolge überbordender Lebensfreude und allzu entspannter Finanzbuchhaltung auf Talfahrt in Richtung verschleppten Konkurs befindet. Er wird Versicherungsvertreter und kommt wieder auf die Beine. Seiner leidenschaftlichen Faszination für Tänzerinnen bleibt er zwar treu, verlagert diese aber ruinöserweise auf *danseuses* der burleskeren Art. *Rallyes* fährt er unbeirrt weiter. Seine letzte im hohen Alter von 80 in einem *Jaguar E-Type.* Welchen Platz er erreicht, ist leider nicht überliefert. Seinen Nachkommen hinterlässt er – in seinen Augen – ein Vermögen. Und er vererbt ihnen eine strikte Vermeidungshaltung gegenüber allem *laissez-faire* im Finanziellen. So jedenfalls erklären wir uns, dass Stephan in jeder freien Minute an der Akkuratesse der überpünktlichen Umsatzsteuervoranmeldung seiner *brasserie* arbeitet, sogar in den Pausen während der Fotoproduktion.

Bei dem großväterlichen Vermögen, welches nicht in die Konkursmasse geflossen ist, handelt es sich um zwei pflegebedürftige *Jaguar E-Type* und eine *limousine* für Clemens' Töchter. Mit der *limousine* unternehmen Boris und Stephan die ersten Entdeckungsreisen zu den *châteaux* der *Provence.* Vier Tankfüllungen auf 350 Kilometer – bei zwei Tanks – machen die britische Katze jedoch zu einem allzu versoffenen Firmenfahrzeug und noch dazu zu einem Stilbruch *par excellence,* man führt ja schließlich keinen *pub!* In stillem Gedenken an den Mann, mit dem die große Frankophilie begann, fährt man nun wie damals er *Renault.*

Le Bœuf à la Mode*

* Christian Dior kocht sich was Feines.

Das Kapitel, in dem Christian Dior eine entwaffnend schlichte Küchenschürze für den Herrn entwirft und seiner Haushälterin Jeanne Polverino beim Anblick der vielen Butter, unter deren Verwendung der Modeschöpfer gegen seinen unstillbaren Hunger nach Liebe ankocht, das Olivenöl in den Adern erstarrt. Des Weiteren werden a) die Schulterpolster aus Damenkleidern, b) ein Rinderbraten aus einem Kleiderschrank, c) ein gereifter Rohmilchkäse, d) eine tarte aux pommes *aus dem* boudoir, *e) eine gebrannte Zitronencreme vom Kaminsims und f) sieben dünne Scheiben geräucherte Entenbrust aus dem Kabinett und g) zahllose* petits fours *und* chocolats *aus allen Schreibtischschubladen entfernt. Man wird in Blumenkelchkleidern unter den strengen Blicken eines Dragoners zwischen unerfüllten Träumen, Sehnsüchten und* foie-gras-*Orgien umhertaumeln und es wird zart nach Maiglöckchen duften. Es wird der Symmetrie gehuldigt und dem ganz einfachen Geschmack. Jemand mit einem großen Herzen wird ungeküsst bleiben. Eine schicksalhafte Reise in ein italienisches Abmagerungsinstitut endet tödlich. Und es wird wieder mal geschwindelt, dass sich die Korsettstangen biegen.*

Es ist ein stilles Wochenende auf *Château de la Colle Noir* im *Departement du Var,* unweit von *Mougins* in der *Provence verte.* Die Dämmerung legt sich über die Hügel. Die Nebel steigen aus den Wiesen und Fledermäuse umflattern den Schlossturm, wo im Schein einer einzigen Lampe der berühmteste Modeschöpfer der Welt auf der Kante eines zierlichen *fauteuil Louis XVI.* sitzt und einen sehr kleinen Ärmel an ein elegantes Knabenhemd mit rundem Kragen wirft. Tags zuvor hat er selbst Maß genommen bei dem kleinen Nicolas, dem Sohn seiner Haushälterin Jeanne Polverino, und dessen Schwester Christiane, die er so liebt, als wären sie seine eigenen Kinder. In den Nachmittagsstunden hat Tian, wie er seit seiner Kindheit für Familie und Vertraute heißt, die Rosen, die Buchsbaumhecken und den Weißdorn beschnitten, das erste Laub aufgesammelt und lange beim Teich gestanden und in den schwarzen Wasserspiegel geblickt. *„Klein und birnenförmig! Es stimmt, was die Leute über mich sagen. Warum sollte ein junges, vollendet schönes Geschöpf wie Jacques Benita jemanden von so defizitärer* silhouette *lieben?"* Mit einem Seufzer legt er seine delikate Handarbeit in den Schoß, schaut in die aufziehende Herbstnacht hinaus und denkt an den vollendet schönen, fernen, unerreichbaren Geliebten, einen 30 Jahre jüngeren marokkanischen Sänger. Seine zitternde Hand tastet in den Tiefen seines Sekretärs nach der *bonbonnière,* die *Madame* Raymonde Zehnacker, seine gestrenge Leiterin des *ateliers,* übersehen hat, und er führt das letzte verbliebene *éclair* zum Mund. Nach seinen beiden Herzinfarkten hat *Madame* Raymonde zwar stets ein wachsames Auge auf Tians Kalorienaufnahme, doch sie kennt weder das Ausmaß des Kummers noch sämtliche Verstecke des *chefs.* Tian versäubert mit zierlichen Stichen von Hand das letzte Knopfloch von Nicolas' Schulhemd und versinkt in eine kontemplative Bilanzierung seines nicht mehr blutjungen, aber reichen Lebens. 52 Jahre ist er jetzt alt. Er denkt an seinen kometenhaften Erfolg und an die Hürden, die er, korpulent wie er war, dabei stets *élégant* nahm. Er denkt an das rosafarbene

Dior liebte gutes Essen. Um Maß zu halten, soll er einmal eine in Schnittmusterpapier gegarte Fischtrilogie zwischen der couture *vor sich selbst versteckt haben.*

Dior

Elternhaus über dem Meer der *Normandie.* An die feinseidenen japanischen Tapisserien im *salon* und an die groben Neckereien seiner ungeschlachten Brüder. Er denkt an die überglücklichen Tage vor der Fastenzeit, an denen er sich in der Verkleidung des arabischen Märchenprinzen Omar Ben Abdul Abbas Ibn Habibi Aqba Farid Mahmal Saiid Khaled Omar, als Leichtmatrose oder Tortenkönig an den Karnevalsumzügen in *Granville* berauschte. Er denkt an den Umzug der Familie nach *Paris.* Er denkt auch an seinen strengen Vater, den reichen Düngemittelfabrikanten mit ausgeprägtem Dünkel, und an das Naserümpfen der *Granviller* Bürger, immer wenn der Ostwind blies, und an ihr verächtliches *„Es riecht nach Dior.“*. Diese Bauern sollten sich noch wundern! Eines nicht allzu fernen Tages würde nicht nur ein belangloses Küstenstädtchen, sondern die ganze feine Welt nach Dior riechen – weil sie es will!

Tian ist anders als seine Brüder. Der in sich gekehrte, zarte Junge zeichnet gern, er liebt die Maler, die Dichter und die Träumerei, wozu er sich in den Wäscheschrank seiner Mutter zurückzieht. Wieder und wieder liest er Barbey d'Aurevillys Essay *„Über das Dandytum“* aus dem Jahr 1844. Der wohlbeleibte Verfasser, bekennender Monarchist und Exzentriker (gefärbte Bartspitzen, schwingende *capes, corsets),* der die *frivolité,* den schönen Schein und die Eitelkeit preist, wird sein Alter Ego. Tian liebt die Blumen und die Symmetrie. Architekt möchte er werden. Seine Eltern wollen jedoch einen Diplomaten aus ihm machen. Sie zwingen ihn, die renommierte *Ècole libre des sciences politiques* in *Paris* zu besuchen und Zeit zu verschwenden. Tian will doch in der Halbwelt der Ästhetik und der Künste versinken! Zähneknirschend finanzieren die Eltern ihm eine *galerie,* jedoch unter einer Bedingung: Der Familienname muss unsichtbar bleiben. Tian stellt Dalí aus, Picasso und Braque, Jacob und Cocteau. Tian seufzt tief. Noch tiefer taucht er eine *madeleine* in eine Tasse mit Lindenblütentee, die er gedankenlos auf einer Erstausgabe von

Prousts *„À la recherche du temps perdu“* abgestellt hat. Er denkt an den Krieg und dessen Hässlichkeiten. Denkt daran, wie er in plumpen Bauernpantinen Erntedienst leistete und seiner *uniforme* mit ein paar geschickten Abnähern an der Schulternaht zu präziserem Sitz verhalf. Er denkt an die Pleite von *papa* und an die Obstplantagen in der *Provence,* die seine Familie über Wasser halten. Er denkt, während ein goldenes, mit zarter Champagnerbuttercreme gefülltes *macaron* von *Ladurée* genüsslich auf seiner Zunge zergeht, natürlich an *Paris.* Welche Kühnheit besitzen seine Hüte, die er, ach so jung noch, zeichnet für *Le Figaro!* Wie der *couturier* Lucien Lelong ihn umwirbt! Und was man nach Kriegsende mit lächerlichen 60 Millionen *francs* von einem überzeugten Investor doch alles machen kann! Ein *atelier* mitten in der Stadt! *„Welch ein Wurf meine erste* collection *war! Die Welt hielt den Atem an.“* Plötzlich stolz auf sich, öffnet Tian eine *bouteille* 49er *Dom Pérignon. „Der Krieg war endlich vorbei,* Mesdames! *An Schönheit, Übermaß und* élégance *meiner Kleider sollten Ihre verwundeten, verhungerten Seelen gesunden.“* Dass Schönheit lebensnotwendig ist, steht für Dior außer Frage. Er entwirft ultrafeminine Kleider von obszöner Weite und unter frivolem Stoffverbrauch, die Saumweite der schwingenden Röcke beträgt acht Meter, ein Kleid kostet 40.000 *francs* und unter dem großgeschriebenen Namen Dior zeigt er am 12. Februar 1947 in *Paris* seine erste Kollektion. Die Sterne und seine Wahrsagerin bestehen auf diesem Datum. Es ist 15 Grad minus und die Ration für Brot ist von der Regierung soeben auf 200 Gramm pro Person herabgesetzt worden. Die Models, die damals noch *mannequins* heißen, blicken über Wespentaillen mit nie gesehenem Hochmut auf die kantigen, allein dem Zweck dienenden Soldatenfrauenkostüme herab – und *la boum:* Da ist er schon, der Weltruhm! Dior ist über eine frostige Nacht Herrscher über die *mode* der Königshäuser, über die Roben *Hollywoods* und über die Kleiderschränke der *femmes au foyer* geworden. Ihnen, den Hausfrauen, gibt er ganz volksnah in seinem *„Petit dictionnaire de la mode“*

Während Dior sich für seinen Maskenball als Amor verkleidet, hat Jeanne ein kleines amuse-bouche *für ihn arrangiert: Herzmuscheln und eine gebrannte Zitronencreme.*

unbezahlbare Ratschläge in Sachen Stil und *élégance* – für den sehr wahrscheinlichen Fall, momentan keine 40.000 *francs* zur freien Verfügung zu haben. Und nach Jahren des Darbens verfügt Tian selbst jetzt endlich über ausreichend Taschengeld. Schnell schon reicht es für das eine oder andere Schloss, für einen Landsitz oder ein Stadthaus, bei deren Umbauten er nach Herzenslust Architekt sein kann. Sein riesiges *château* bei *Montauroux,* dieses Schloss mit Parkanlagen, Freitreppen, Ballsälen, Teichen, Weinkellern, Marmorstein und Zinnentürmen, ist sein *Versailles.* Aus den Wasserhähnen fließt *eau de toilette,* die Atemluft ist rosa und rationiert wird hier nur der Schlaf.

An diesem stillen Abend, am Folgetag eines dreitägigen Maskenballs, allein auf *Château de la Colle Noir,* zweifelt Tian heftig an der Dauer seines märchenhaften Erfolgs, der ihm vor 20 Jahren prophezeit worden war. Er spielt ängstlich mit dem Gedanken an einen Wechsel ins gastronomische Gewerbe. Gänse*rillettes* von Dior? Oder *chateaubriand* von Dior? Oder Christians *croque-madame?* Er könnte der Patron eines eleganten *restaurants* auf den *Champs-Élysées* sein. Ein schlichtes *„Chez Tian“* über der Tür. Sechs Tische. Ein *menu.* 26 Gänge. *Pourquois pas?* Nicht grundlos ging er auf dem Maskenball wieder mal als Kellner, obwohl ihm der *look* französischer Sonnenkönige viel besser steht. Er kocht einfach gern. Er backt gern. Er braut gern Likör. Er umgibt sich gern mit Nahrung und mit Menschen. Bei diesem erkenntnisartigen Gedanken legt Dior seine Handarbeit beiseite, denn er spürt, wie Hunger in ihm nagt. Seine Haushälterin und Köchin Jeanne hat heute frei. Die Küche von der Größe eines Konzertsaals gehört also ganz ihm. Formvollendet schreitet Dior zur Tat: Er legt eine reinbaumwollene Schürze in seinen Lieblingsfarben Weiß, Grau und Gold an. Sie besitzt Pattentaschen, eine abfallende Taillennaht wie viele Stücke seiner extrem erfolgreichen Y-Linie der Herbst-Winter-Kollektion 1955/1956 und praktische elastische Bündchen. Die

Schürze steht ihm ausgezeichnet. Der Saum umspielt die Knie und an der Weite hat der *couturier* wie einst bei der bahnbrechenden Blütenkelchkollektion von 1947 nicht gespart. Bückt sich der Modekönig zum Backofen, etwa um die Befindlichkeit eines *bœuf à la mode* zu prüfen, schwingt der leicht ausgestellte Rock sanft zur Seite, ohne zu viel preiszugeben. Kurz: Auch bei einem gemütlichen Abend mit sich allein daheim beweist Dior Lebensart und Stil. Und daran, liebe Leserin, lieber Leser, das sei Ihnen zur gefälligen Selbstprüfung mit auf den Weg gegeben, erkennt der *connaisseur* und *homme galant*, ob jemand wirklich *élégance* besitzt. Oder um es mit Diors eigenen Worten zu sagen: „Élégance *ist die perfekte Kombination aus Würde, Natürlichkeit, Sorgfalt und Einfachheit. Wobei die Sorgfalt das Wichtigste ist.*" Nur etwas Kleines will er sich kochen, nichts, was der Rede wert wäre. Ein einfaches Junggesellenessen. Aber etwas Tröstendes soll es haben, gegen die plötzliche Einsamkeit. Aus Menge und Art des verwendeten Geschirrs rekonstruiert Jeanne am nächsten Morgen in etwa die Summe der von Tian von Hand zubereiteten Speisen: *omelette à la moderne* und *œufs pochés Pompadour*, danach eine Suppe *à base de Dom Pérignon*, gefolgt von zwei, drei *crêpes fourrées de mousse de saumon et filets de sole au Noilly*, anschließend Wachteln *au Chablis*. *Sorbet aux poires*. Als Hauptgang ein *bœuf à la mode* und abschließend eine klitzeklitzekleine *petite* winzige Winzigkeit von dem, was Tian am allerliebsten hat (außer Austern, *pralinés, fromage brillat savarin, galettes bretonnes, crème double, meringues avec chantilly, croissants* und Küssen): 200 oder auch 300 Gramm *foie gras* mit einem klein wenig *brioche. C'est tout! Naturellement, fromage, café, petits fours, cognac*, Zigarren. Für einen so großen Mann mit einem so großen unglücklichen Herzen ist das etwas für den hohlen Zahn. Und Tians *bouche* sehnt sich nach ganz anderem *amusement*. Er hat sie alle geliebt, die er so selbstlos gefördert hat. Aus begabten Knaben hat er erfolgreiche Männer gemacht. An seiner Seite wuchsen Talente über sich hinaus. Er denkt an seinen

Schuhdesigner Roger Vivier. Er denkt an seinen ehemaligen Assistenten Pierre Cardin. Er denkt an diesen neuen, schüchternen, jungen Designer aus Algerien, an diesen dünnen Yves Mathieu-Saint-Laurent, der so wunderbar aufblüht, seit er ihn unter seine Fittiche nahm. Und er denkt an seinen jungen, vollendet schönen, unerreichbar fernen Geliebten. Zum Zweck der Steigerung seiner Attraktivität für ihn beschließt Tian nach einem weiteren Fläschchen *Dom Pérignon,* ab morgen keine Vaterfigur mehr zu sein und haben zu wollen und strikt Diät zu halten. „*Moment,* non, *besser: Ich beginne übermorgen. Noch besser: nach dem kommenden Wochenende. Weihnachten kann jedoch nicht ausfallen, keinesfalls.*" Schließlich hat er Jeanne versprochen, für den kleinen Nicolas und dessen Schwester Christiane den Weihnachtsmann zu geben. „*Sei Realist*", sagt er zu sich selbst, „*sei ein guter Katholik. Gefastet wird nächstes Jahr nach Karneval!*"

Doch so lange hält Dior es nicht mehr aus. Er stirbt am 24. Oktober 1957 im Alter von nur 52 Jahren während des Verzehrs eines fettarmen Fischgerichts im toskanischen Abmagerungsinstitut *Montecatini Terme,* wohin sich der Meister der architektonischen *silhouette* – den flehenden Warnungen seiner Wahrsagerin zum Trotz – begeben hat, weil seine eigene *silhouette* ihm keine Augenweide ist. Als letztes Fest für die Sinne habe er sich, so heißt es aus unbestätigter Quelle, am Vorabend der Diät im Nachtzug nach Italien einem ganzen Pfund Stopfleber hingegeben. Sein großes Herz soll ihm gleich zweimal hintereinander stehengeblieben sein und das Gehirn habe einen Schlag erlitten. Manch einer würde sich *foie gras* als Henkersmahlzeit wünschen. Vielleicht weiß Tian am 23. Oktober 1957, dass es die seine ist.

Dior verabscheut alles, was laut ist, grell und grob. Er liebt glatte Seide, rosa Wände, stille Morgen und sanfte Äpfel auf mürbem Teig.

LA CÔTE DU GRIS*

* Die graue Küste

Das Kapitel, in dem ein ständiger Nieselregen feuchte Kleider, kalte Füße, hochgezogene Schultern und ein wortkarges Miteinander verursacht und den Blick der Menschen auf die Schönheiten und plaisirs *irdischen Daseins trübt. Es wird von einem feinen Regen berichtet, der seit Menschengedenken lautlos in die Gemüter der Bewohner einer sehr grauen Stadt fällt und deren Mundwinkel zum nassen* asphalte *sinken lässt. Bis zu einem Morgen im Jahr 2005, an dem eine fahle Sonne die dichte Wolkendecke durchbricht und auf Höhe von Hamburg-Ottensen 17 Magnumflaschen rosafarbener Wein, zwei unrasierte Deutsche und ein provenzalisches Kochbuch an den grauen Gestaden der grauen Elbe stranden. Kurz darauf wird die Bevölkerung der Hansestadt, von plötzlicher südländischer Lebenslust erfüllt, die grauen Reste freudloser hamburgischer Küche wie Birnen, Bohnen und Speck, Schwarzsauer, Rundstück warm und Labskaus an die Schweine verfüttern, die Arbeit ruhen lassen und in blau-weiß gestreiften Fischerhemden, an den gut durchbluteten Füßen nichts als Sandalen, Kurs auf die Eulenstraße nehmen, auf den Wangen diese einzigartige pudrige Frische, wie sie nur die Gesichter von Menschen mit lichtdurchfluteten Herzkammern haben. Die Pfeffersäcke haben plötzlich pastellfarbene Flausen im Kopf, auf der Zunge den Geschmack von* Pastis *und vor sich die Aussicht auf eine bombastische* bouillabaisse*. Und hinter sich? Dort schwebt ein vergnügtes Knoblauchwölkchen über himmelblauem Meer.*

Nach der langen Mittelmeerüberquerung von *Nice* aus, auf einem überraschend hochseetauglichen Küchentisch aus dem Nachlass von Nicolas' *grand-mère* Adeline Odorici, geborene Lolli, treffen die zwei Leichtmatrosen Stephan Hippe und Boris Krivec bei ihrer Ankunft in Hamburg auf schwer vorhersagbare Winde für das gewagte Vorhaben, den Kurs grundsätzlich zu ändern. Sie sind bereits sehr weit gekommen: Trotz des geringen Tiefgangs des Küchentischs und des konstruktionsbedingt niedrigen Ladevolumens gelingt den beiden ein *coup,* der bis heute unentdeckt ist. Was auf dem umseitigen Amateurfoto aus dem Jahr 2005 nicht zu erkennen ist, sind 37 Zehnlitereimer mit blutroter Lackfarbe, deren Einfuhr – offene Grenzen hin oder her – hätte deklariert werden müssen. Sie wird den strengen Zollbehörden gegenüber jedoch aus Gründen der Sparsamkeit in rechtsbeugerischer Weise bewusst verschwiegen. Mit dieser Farbe werden die Seeleute und zukünftigen Gastgeber respektive der Rechtsanwalt (!) Krivec sowie der Schauspieler und Sänger Hippe ihrer demnächst zu eröffnenden *Brasserie La Provence* einen ausgesprochen südfranzösischen Anstrich geben.

Nach einer ausgiebigen heißen Dusche, dem Genuss der aufgewärmten *bouillabaisse* und dem Verzehr des restlichen Reiseproviants provenzalischer Provenienz (Erbsensüppchen mit Milchschaum, Weißfischterrine mit hausgebeiztem Lachs, *coq au cidre,* Seewolf mit Pilz*ragout,* Kalbsbäckchen in Rotwein, warmer Schokoladenkuchen und noch so dieses und jenes) wieder gestärkt, pinseln die beiden Männer eine ehemalige Ottenser Eckwirtschaft aus, schmieden eigenhändig Deckenlüster und dübeln beherzt mit Liebe über Jahrzehnte gesammelte Frankreich-Devotionalien an die Wände. Anschließend – man parliert, träumt, streitet und Stephan singt sogar französisch – machen sie sich daran, unter Berücksichtigung des in ebenso vielen Jahren in Frankreich Beobachteten und Gelernten eine unfehlbare *formule* für ihr *restaurant* zu entwickeln. Damit beweisen sie in

Ein Esstisch aus dem Nachlass von grand-mère *Adeline erwies sich als überraschend hochseetauglich und für die Ausfuhr der südfranzösischen Küche an die* Côte du Gris *hervorragend geeignet.*

*Es gelang den Gestrandeten, ohne zu kleckern zwei echte Picassos, eine Lieblingseule, eine 1A-*Fischterrine *sowie eine original* bouillabaisse *an Land zu bringen.*

vielerlei Hinsicht mannhafte *courage:* Zum einen gibt es in Hamburg einige französische *restaurants,* die von Franzosen betrieben werden. Es gibt in Hamburg auch Gäste, insbesondere französische, die, insbesondere wenn sie schlimmes Heimweh haben, von einem französischen *restaurant* erwarten, dass es auch von Franzosen betrieben wird. Den *garçons allemands,* Autodidakten noch dazu, schwappt ausgerechnet von der *Grande Nation,* von denen, für die sie eine große Liebe hegen, nicht immer eine Welle des Wohlwollens entgegen. Was will man da machen? Weitermachen!

Der deutsche Gast erweist sich zuweilen und zum anderen als nicht minder sperrig. Dass er kein Franzose ist, macht die Sache auch nicht gerade leichter. Die erste *formule* der *brasserie:* kleiner Raum, kleine Mannschaft (Stephan und Boris), kleine Karte, kleine Tische, großes *bonjour,* viele Küchenklassiker, keine Tischdecken, keine Kleiderordnung, kein *chichi,* aber *chansons.* Ja! Aber: So sehr ihn das Französische in Frankreich auch verzaubert, daheim kann der Deutsche vom Französischen schnell mal überfordert sein. Dem Volk der Dichter, Denker und Planer scheint es im eigenen Land nicht leichtzufallen, sich hinzugeben. Sei es einer Empfehlung, dem angebotenen Tisch oder gar einem von der Küche vorgeschlagenen Menü. Dieselben Umstände, die der Deutsche an den süßen Urlaubstagen im *Midi* bezaubernd fand, sind hier eine echte Herausforderung.

Zur Veranschaulichung malen wir uns und Ihnen jetzt mal was aus: Zu den ersten Gästen der *Brasserie La Provence* gehören der frei erfundene, frankophile Oberstudiendirektor Dr. Hein-Gerd S. und seine holde Frau Edda-Freimut, die sich aus Neugier und *nostalgie* zu einer Reservierung in dem kürzlich eröffneten französischen *restaurant* entschließen. Während der Taxifahrt zur Eulenstraße schwärmt Hein-Gerd noch erinnerungsumsäuselt: *„Diese winzigen Tische, weißt du es noch,* cherie? *Bei* Chez Jacques *in* Saint Croix, *ach, wo war* *es noch gleich? Die winzigen Tische, die so dicht beieinander standen, dass du zwischen Tisch und Wand richtig gefangen warst. Wie wir da saßen, eingezwängt zwischen all diesen uns völlig unbekannten Menschen. Herrlich! So eng, dass sich beim Schneiden des* entrecôte *die Ellenbogen mit denen der Tischnachbarn berührten. Und wie laut es war, wie lebendig! Und als du mal musstest, weißt du noch, meine Taube, musste Jacques erst kommen und dich befreien. Den ganzen Tisch mit allem, was darauf stand, die* étagère *mit den Austern, den Weinkühler, die Gläser, die Wasserkaraffe, den ganzen Tisch musste er wie ein Auto aus einer Parklücke herausziehen und dann war es immer noch so eng, dass du mit deinem prachtvollen* oh là là *die Karaffe Roten am Nebentisch streiftest, ich glaube, dem Herrn hat's gefallen … Und hätte Jacques nicht aufgepasst,* oh là là, *was für ein* malheur ! Mon Dieu, chouchou ! *War das eng! Ich habe gezählt: 82 Gäste auf, na, ich schätze mal, 60 Quadratmetern. Und ein Klo! Eins!* Fou !"

Das Französische an sich verursacht ein Durcheinander, das Dr. Hein-Gerd S. im Süden apart und *léger* findet, zurück im Hanseatischen möchte er aber lieber wieder unentspannt sein. Die Unordnung und das Improvisierte sind ihm hier ebenso fremd wie eine kleine Speisekarte mit sechs Gerichten. Er besteht auf der Auswahl aus mindestens 437 Speisen – um dann bei jedem Besuch doch dasselbe zu bestellen. Ergo: Die ursprüngliche *idée,* in der *Brasserie La Provence* (natürlich unter Berücksichtigung aller deutschen Ordnungsamtsvorschriften) ein Frankreich-Erlebnis herzustellen, das so nah wie irgend möglich am *original* ist, erweist sich, wie diese kleine *caricature* darstellen will, zwar als ehrgeizig und erfolgreich, aber ideal ist sie nicht.

Küchenchef Hippe und Gastgeber Krivec schaffen also Platz, vergrößern Küchenbrigade, Service*compagnie* und *menu.* Außer unverzichtbaren Bistro-Klassikern wie *steak frites, merguez, chèvre chaud* oder *brandade*

Die Urururururururenkelin von Picassos Ziege Esmeralda in ungeduldiger Erwartung der Gäste. Sie möchte endlich mit dem Essen anfangen.

Endlich kommt alles ordentlich auf den Tisch! All die Geschichten von drei Generationen südfranzösischer Köchinnen und Köche und all ihre adretten Rezepte.

(Kabeljau*gratin*), die immer auf der Karte stehen, ändern sich Gerichte und *menus* mit den Jahreszeiten, mit der Ankunft neuer, handverlesener und selbst importierter Weine von selbst entdeckten *châteaux* oder auch zur Feier ganz subtil indoktrinierender Kleinkunstdarbietungen urfranzösischer Natur: In der *Brasserie La Provence* kocht der Chef nicht nur selbst, nein, er singt auch selbst: französische *chansons,* mal nach berühmten Rezepten von Piaf, Brel, Prévert, Trenet, Brassens und Aznavour oder nach eigenen. Er kann das gut, das hat er gelernt. Jetzt hat er auch wieder Lust darauf. Er tritt mal im *restaurant* auf, mal im Theater gegenüber mit seinem Programm „*Douce France*" über seine *amour fou* zu diesem Land. Und er macht die *brasserie* auch für befreundete Künstler zur kulinarischen Bühne. Wer nach dem kompletten *menu* noch kann, nimmt einfach für 12 Euro die CD als Betthupferl mit nach Hause. Davor ist Käse allerdings ein Muss. Denn wie sagte bereits Brillat-Savarin, der berühmte Gastrosoph, nach dem ein besonders fetter Weichkäse benannt ist: „*Ein Dessert ohne Käse gleicht einer einäugigen Schönen.*"

Ähnlich wie Brillat-Savarin werden Koch und Gastgeber, auch wenn es schwer ist, nicht müde, ihren Gästen zu den Gerichten *en passant* mit *charme* gewürzte Nachhilfe in französischer Esskultur zu servieren. Wer etwa als *apéritif,* der *gratuit* ist, sofern man reserviert hat, vom großen Angebot überfordert, ein Bier wünscht, bekommt dazu einen Blick serviert und eine Bemerkung gereicht, die ihn darauf hinweisen, dass er gerade in Südfrankreich ist. In *la petite France au coin de la rue.* Dass diese herrliche Gegend, in der provenzalische Weine von handverlesenen kleinen *châteaux, Pastis,* hausgemachter Bitterorangenlikör und *Cassis* wachsen, um die Ecke liegt, das sollte man ausgerechnet in Hamburg doch besonders zu schätzen und zu genießen wissen. Doch hier kommt zum Deutschsein noch das Hanseatischsein erschwerend hinzu und es steht den armen Menschen schrecklich im Weg. Selbst gemäßigte

Formen der Lebenslust sind dem Hanseaten ja suspekt. Seine Lust ist, sich Lust zu verbieten. „*Was uns obliegt*", so lässt Fontane in seinem Roman „*Der Stechlin*" einen Offizier den Lebenssinn anständiger Menschen zusammenfassen, „*ist nicht die Lust des Lebens, auch nicht einmal die Liebe, die wirkliche, sondern lediglich die Pflicht.*" Um ein Minimum grundlegender Daseinsfreude aus den Menschen herauszukitzeln, braucht man viel Energie. Da ist die Kühle des Hanseaten. Die kühle Nässe der Luft. Der ständige kühle Wind, der erst das Haar und dann die Seele zerzaust. Man kann sich erkälten am kühlen *calcul* der protestantischen Kaufmannsleute, die keine Gelegenheit zum Arbeiten auslassen. Dabei sitzen sie in kratzender Wolle in sparsam beheizten, kargen Kontoren im grünen, trübsinnig machenden Licht von Energiesparlampen. Wer es mit seinem übermächtigen Über-Ich bis in die *brasserie* geschafft hat, ist also schon sehr weit gekommen. Im katholischen Südfrankreich besteht zwar auch die Möglichkeit, sich durch profane Äußerungen über Lebenslust mit Schuld zu beladen (Falschparken vor dem Puff, Fluchen, Austernfischen an unerlaubter Stelle, Völlerei), doch existiert dort eine menschenfreundliche und grundsätzliche *tolérance* gegenüber dem Wunsch, es sich gut gehen zu lassen. Zum Zwecke der *illustration* des Aufeinanderprallens von Welten bei der Begegnung von Südfranzosen und Norddeutschen sei hier ein weiteres Mal Fontane zitiert: „*Wenn man glücklich ist, soll man nicht noch glücklicher sein wollen.*" Dafür hat der Franzose kein Verständnis. Keinen *apéritif?* Kein zweites Glas? Kein *dessert?* Keinen *café?* Keinen Kuss? Keinen Käse? Keinen *digestif? C'est drôle!* Die Franzosen kommentieren diesen Mangel an Esskultur und Lebensfreude ebenso treffend wie knapp: „*Être Prussien, c'est un honneur, mais pas un plaisir.*" – „*Preuße zu sein, ist eine Ehre, aber kein Vergnügen.*" Der Leser möge bitte Nachsicht mit der saloppen Art haben, in der zum Zwecke der Plakativität Deutsche, Preußen und Hamburger in einen *pot-au-feu* geworfen werden. Auch wenn das Rezept für diesen Eintopf südfranzösisch ist, gehört sogar unbedingt noch etwas Ungewöhnliches hinein: eine gute *prise* rheinischer Frohnatur, denn die wirkt harmonisierend und sorgt dafür, dass alle Zutaten sich beim Schmoren auf kleiner Flamme richtig lieb gewinnen. Um in Norddeutschland ein südfranzösisches *restaurant* aufzumachen, ohne selbst Südfranzose zu sein, dazu braucht man nämlich Urvertrauen. Man braucht ein Krivec'sches „*Et hät noch immer jot jejange.*".

Und et hät! Nach acht Jahren sind in der Küche der *Brasserie La Provence* Stephan plus drei Mann am Werk. Um Bildung und Wohlergehen der Gäste bemühen sich hingebungsvoll Boris plus drei. Es gibt 40 Plätze, der Anteil der Stammgäste liegt bei 70 Prozent, darunter sind reichlich Franzosen, *mais oui!* Jeden, der mal da war, erkennt Boris wieder. Er erinnert sich an dessen *faibles* und Marotten. Und: Stephan und Boris werden den Teufel tun, einem Stammgast abzusagen, weil ein Gastrokritiker, der es schon fünfmal versucht hat, endlich einen Tisch haben will. Schimmert da etwa die südfranzösische Neigung durch, selbst ernannten Autoritäten den Respekt zu verweigern? Die Speisekarte gibt es – *Vite! Vite!* – innerhalb der ersten 30 Sekunden. Diese verzeichnet neben den Klassikern in der Regel drei Vorspeisen, zwei Zwischengerichte, drei Hauptgänge und drei *desserts* sowie ein *menu,* dem sich ebenso vertrauens- wie lustvoll hinzugeben jedem geraten sei, der ganz genau wissen will, was die Küche kann, und der Südfrankreich geschmacklich vollständig durchwandern will. Eine treue Amerikanerin – das nur als Verzehrtipp für Ihren ersten Besuch – kommt übrigens mit schöner Regelmäßigkeit wegen des wirklich vorzüglichen *steaks* mit Scherben. Inzwischen hat auch diese Dame dazugelernt: Es ist *fleur de sel.*

Les recettes

LA VIE EST PRESQUE BELLE

RICETTE DI FAMIGLIA

PARIS-CANNES RETOUR

PABLO A FAIM

PARDON MY FRENCH

LA PETITE RÉVOLUTON FRANÇAISE

VITE, CLEMENS, VITE

LE BŒUF À LA MODE

LA CÔTE DU GRIS

Rezept Seite 178

Le gArde-manger du Bordel. Zugegebenerweise ist dieses Buch keine Kochschule, sondern mehr eine Schule der Lebensfreude und der Lust am Genießen. Lassen Sie sich von den Rezepten und den Aromen inspirieren – nichts ist in Stein gemeißelt. Trotzdem: In *„Le Grand Bordel"* stelle ich Ihnen Rezepte vor, die für das *restaurant* erdacht wurden.

Ich habe mich bemüht, alle Rezepturen so vollständig wie möglich für 4 Personen aufzuschreiben. Im *restaurant* sind wir darauf angewiesen, so viel wie möglich im *mise en place* vorzubereiten, denn das ist immer der Schlüssel für einen erfolgreichen Service für mehr als 50 Gäste. Die kleinen Tricks in der Vorbereitung werden Ihnen entspannte Abende mit Ihren Gästen ermöglichen, da Sie fast alle Rezepte bis zur Präsentation vorbereiten können. Das Timing und die Dauer von *mise en place* und *réalisation* sind dabei ganz Ihren Wünschen und Ihrer Erfahrung überlassen.

Lassen Sie sich also bei Tisch ein wenig bewundern, auch dafür, dass Sie nicht den ganzen Abend in der Küche verschwunden waren, und trinken Sie mit Ihren Freunden ein Extragläschen aufs Leben.

Alors! Santé et à la vie!

Auf den folgenden Seiten noch ein paar Grundrezepte aus der *Brasserie La Provence.* Sollten Sie etwas vermissen oder Fragen zu den Rezepten haben, beantworte ich diese gern über unsere Internetseite.

Bouquet garni: 2 Lorbeerblätter, 4 Zweige Thymian, 2 Zweige Petersilie, 1 Zweig Rosmarin, 1 Nelke, 6 Pfefferkörner. Ein fertiges Bouquet garni kann man in Frankreich überall kaufen, in Deutschland können Sie sich auch gut selbst eines basteln: Binden Sie dafür einfach die Kräuter und Gewürze in ein kleines

Mullsäckchen. Das lässt sich nach dem Schmoren leicht wieder entfernen.

Fonds: Nicht immer ist Zeit, einen eigenen Fond herzustellen. Fertige Produkte sind vollkommen in Ordnung, aber meiden Sie alle flüssigen Erzeugnisse – das sind teure Wasser ohne Tiefe. Vorzuziehen sind hingegen alle Artikel cremiger oder fast fester Konsistenz.

Fischfond (ca. 1 Liter): *1 kg Fischgräten und -abschnitte, 1 Zwiebel, 2 kleine Stangen Sellerie, 1 Lauchstange (nur das Weiße), 2 kleine Karotten, 2 Tomaten, 3 Champignons, 1 Chilischote, 2 Lorbeerblätter, 1 Bouquet garni, 200 ml Wein.* Fischgräten und -abschnitte gut waschen, abtropfen lassen und in einen Topf geben. Das geputzte und klein geschnittene Gemüse, Gewürze, Bouquet garni, Wein und 1 Liter kaltes Wasser hinzugeben und alles etwa 20 Minuten leicht köcheln lassen – zu lange gekochter Fischfond wird leimig. Den Fond danach durch ein Sieb geben und durch ein Küchenhandtuch tropfen lassen.

Kalbsfond: *2 kg Kalbsknochen (vom Schlachter zerkleinert), 3 Zwiebeln, 2 Karotten, 2 Stangen Sellerie, 8 schwarze Pfefferkörner, 2 Lorbeerblätter, 2 Zweige Rosmarin, 2 Zweige Thymian, 1 halber Teelöffel Salz.* Knochen gut abspülen und im heißen Ofen anrösten. Gemüsesorten putzen und klein schneiden. Knochen, Gewürze, Kräuter, Gemüse und 4 Liter Wasser in einen Topf geben und 2 Stunden leicht köcheln lassen. Den Fond danach durch ein Sieb geben und durch ein Küchenhandtuch tropfen lassen. Erkalten lassen und das Fett abschöpfen. Übrigens: Ein **Rinderfond** lässt sich mit den entsprechenden Knochen nach dem gleichen Rezept zubereiten.

Geflügelfond: *2 kg Geflügelkarkassen, 2 Zwiebeln, 1 Bund Suppengrün, 1 Fenchel, 1 Chilischote, 2 Lorbeerblätter, 1 Teelöffel Salz.* Geflügelkarkassen kurz blanchieren, das Wasser wegschütten. Mit geputztem Gemüse und den Gewürzen in einen Topf geben und mit Wasser auffüllen. 4 Stunden leicht köcheln lassen und den dabei entstehenden Schaum immer wieder abschöpfen. Den Fond durch ein Sieb geben und danach durch ein Küchenhandtuch tropfen lassen. Erkalten lassen und das Fett abschöpfen.

Demi Glace: Versuchen Sie es gar nicht erst! Hierbei handelt es sich um einen dreifach reduzierten Rinderfond. Sprechen Sie lieber mit dem Lebensmittelhändler Ihres Vertrauens.

Ofen: Zehn verschiedene Öfen, zehn verschiedene Temperaturen, zehn verschiedene Ergebnisse ... In der Gastronomie unterscheiden wir nur zwischen heiß und sehr heiß, zwischen Umluft und ohne Umluft. Vertrauen in das Gelingen, ein wachsames Auge und ein Kerntemperaturthermometer sollten Ihre ständigen Begleiter sein. Für alle Rezepte in diesem Buch, für die ein Ofen benötigt wird, gilt: Der Ofen wird immer vorgeheizt. Und wenn nicht anders angegeben, wird Umluft genutzt.

Sauce binden: Eigentlich müsste dazu ein ganzes Kapitel geschrieben werden. Stellvertretend dafür hier eine einfache und geschmacksneutrale Variante: Nehmen Sie von der zu bindenden Sauce etwa 100 ml ab, vermischen Sie diese gut mit 1 Teelöffel Maisstärke und fügen Sie sie der kochenden Sauce langsam wieder hinzu, bis die gewünschte Konsistenz erreicht ist. Die Franzosen binden auch gern mit Butter ab. Diese Saucen kann man nicht wieder erhitzen. Wenn Sie einer mit Maisstärke gebundenen Sauce einen kleinen Stich Butter hinzufügen, erhalten Sie einen ähnlichen Geschmack wie beim französischen Original – diese Sauce wird jedoch nicht auseinanderfallen.

Blätterteig: ***250 g Mehl, 1 Prise Salz, 200 g Butter.*** Mehl mit 100 ml Wasser und Salz in einer Schüssel gut vermischen. Den Teig kneten, bis die Oberfläche glänzt. 15 Minuten im Kühlschrank ruhen lassen. Die Butter in sehr kleine Würfel schneiden und mit etwas Mehl bestäuben. Den Teig rechteckig ausrollen, die Butterwürfel darauf verteilen. Die Teigplatte einmal längs und einmal quer falten (eine Tour geben), ausrollen und eine weitere Tour geben. 15 Minuten im Kühlschrank ruhen lassen und danach noch eine Tour geben. Das ist ein einfacher Blätterteig, den jeder einigermaßen schnell selbst herstellen kann. Aber natürlich können Sie auch gut auf ein gekauftes Produkt zurückgreifen. Dieses können Sie noch verbessern, indem Sie ihm mit ein wenig Butter eine zusätzliche Tour geben.

Mürbeteig: ***250 g Mehl, 1 Prise Salz, 125 g weiche Butter.*** In einer Schüssel Mehl, Salz und Butter rasch verkneten. So lange etwa 125 ml Wasser einkneten, bis eine homogene Masse entsteht. Den Teig im Kühlschrank ca. 1 Stunde ruhen lassen. Man kann ihn auch gut einfrieren. Beim Ausrollen sollte der Teig nicht zu warm sein, damit er schön knusprig wird.

Hefeteig: ***100 ml Olivenöl, 15 g frische Hefe oder 1 Päckchen Trockenhefe, 1 Prise Zucker, 10 g Salz, 500 g Mehl.*** In einer Schüssel 200 ml lauwarmes Wasser, Öl, Hefe, Zucker und Salz vermischen. Das Mehl dazugeben und 10 Minuten gut durchkneten. Abgedeckt ca. 30 Minuten bei Raumtemperatur gehen lassen. Noch mal 5 Minuten kneten. Erneut 20 Minuten gehen lassen. Ausrollen und weitere 5 Minuten gehen lassen.

Alle Angaben sind für ein Tarteblech mit einem Durchmesser von ca. 33 cm.

TARTE À LA TOMATE ET TARTE AUX BLETTES

TOMATENTARTE UND PROVENZALISCHE TARTE MIT MANGOLD

Gespräch unter Restaurantköchen:
„Dis-moi Jany, ta fabuleuse tarte ...? Foncer un moule à tarte huilé (d'olive bien sûr) de pâte brisée,
piquer la pâte très serrée et enfourner 10 minutes (couleur blonde).
La recouvrir de moutarde, tranches de tomate,
gruyère râpé, sel, poivre, muscade et crème fleurette puis enfourner environ 20 minutes."

Marché

2 x Mürbeteig
für je 1 Tarteform (ø 32 cm)
(siehe Seite 145)
6 Tomaten
2 Bund Mangold
1 weiße Zwiebel
200 g kleine schwarze Oliven
1 Esslöffel grober Senf
3 Esslöffel Crème fraîche
2 Esslöffel geriebener Emmentaler
Salz
Muskatnuss
Pfeffer
Öl
2 Knoblauchzehen
Kräuter der Provence
200 ml Sahne
3 Eier

Mise en place.

Mürbeteig herstellen. Tomaten in dünne Scheiben schneiden. Erste Tarteform mit der Hälfte des Teigs auskleiden, Teig mit einer Gabel einstechen und bei 200 °C 10 Minuten ohne Belag blindbacken. Mangold gut waschen, die grünen Blätter abzupfen und klein schneiden. Zwiebeln und entkernte Oliven grob hacken. Die zweite Tarteform mit dem restlichen Teig auskleiden.

Réalisation.

Tomatentarte: Gebackenen Teig mit Senf und Crème fraîche einstreichen, eine Schicht Tomatenscheiben auflegen, mit dem Käse bestreuen und mit Salz, Muskatnuss und Pfeffer würzen. 20 Minuten bei 200 °C (keine Umluft) fertig backen.

Mangoldtarte: Zwiebeln in Öl anschwitzen, Mangold, gehackten Knoblauch, Kräuter der Provence und Oliven hinzugeben, 5 Minuten köcheln lassen. Mit Salz und Pfeffer würzen. In einer Schüssel Sahne, Eier und das Gemüse mischen. Auf den zweiten Teig geben und 25 Minuten bei 200 °C (keine Umluft) backen.

Présentation.

Die Tartes kurz ruhen lassen und lauwarm mit einem grünen Salat servieren.

LÉGUMES FARCIS NIÇOIS

GEFÜLLTES NIZZA-GEMÜSE

„Légumes farcis ist ein provenzalisches Nationalgericht. Es gibt viele verschiedene Varianten, ich habe Janys Rezept mit etwas Tomatensugo und Couscous ergänzt – auch gekochter Reis ist möglich. In unserer Brasserie servieren wir das Gericht einmal im Jahr, obwohl es sich schlecht verkauft, da es uns wohl nicht gelungen ist, eine treffende Übersetzung zu finden. Trotzdem bestehe ich auf diesem kleinen Kulturaustausch, da wir beim Abräumen der leeren Teller stets in besonders glückliche Gesichter schauen."

Marché

4 weiße Zwiebeln
4 runde Zucchini
2 rote Paprika
4 feste Tomaten
100 g trockenes Weißbrot
200 ml Milch
400 g Rinderhack
400 g Kalbshack
400 g Schweinehack
2 Eier
1 Esslöffel gehackte Petersilie
1 Esslöffel gehacktes Basilikum
100 g geriebener Emmentaler
½ Tasse Couscous
(Seite 170)
Salz
Pfeffer
Paniermehl
Butter

Sauce

1 Zwiebel
4 frische Tomaten
1 Knoblauchzehe mit Haut
Öl
1 große Dose Tomaten
1 Teelöffel gehacktes Estragon
Salz
Zucker
Tabasco

Mise en place.

Das Gemüse waschen, Zwiebeln mit Schale, Zucchini und rote Paprika im Ganzen nacheinander in Wasser bissfest garen. Benutzen Sie am besten immer dasselbe Wasser, dann geht's schneller. Das gekochte Gemüse jeweils mit einem Schaumlöffel entnehmen und gut abschrecken. Zwiebeln schälen und am Äquator teilen. Das Innere entfernen und nur die äußeren zwei Häute stehen lassen. Die Kappe der Zucchini abschneiden, Zucchini etwas aushöhlen. Mit den Tomaten genauso verfahren. Das Innere der Gemüse aufbewahren. Paprika längs teilen und putzen. Weißbrot in Milch einweichen. Für die Sauce Zwiebeln und Tomaten in Würfel schneiden.

Réalisation.

Für die Sauce Zwiebel und Knoblauchzehe in Öl anschwitzen, die Dosentomaten hinzugeben, leicht zerdrücken und 20 Minuten einkochen lassen. Von der Flamme nehmen und pürieren. Die frischen Tomatenwürfel und Estragon hinzufügen und mit Salz, Zucker und Tabasco abschmecken.

Das Innere der Gemüse in einer Küchenmaschine (Messerblatt) zerkleinern und mit dem Hack in eine Schüssel geben. Eier, Kräuter, Käse, Couscous und ausgedrücktes Weißbrot hinzufügen, gut durchmischen und mit Salz und Pfeffer würzen. Die ausgehöhlten Gemüse damit füllen und mit etwas Paniermehl bestreuen. Je eine Butterflocke daraufsetzen. In eine feuerfeste Form einen Spiegel Sauce geben, das gefüllte Gemüse hineinsetzen und bei 180 °C (keine Umluft) etwa 30 Minuten backen.

Présentation.

Gebackenes Gemüse leicht abkühlen lassen und mit etwas Tomatensauce anrichten. Dazu passt ein grüner Salat.

CONFIT DE LAPIN À LA MOUTARDE

CONFIERTE KANINCHENKEULE MIT LEICHTER THYMIAN-SENF-SAUCE

*„Nachdem Nicolas 15 Jahre lang ‚Lapin au Romarin‘
im Fournil auf der Karte hatte, war es etwas vermessen,
ihn bei einem privaten Essen mit einer Kaninchenkeule zu überraschen.
Mit diesem Rezept konnte ich ihn aber überzeugen.“*

Marché
4 Kaninchenkeulen
1 Liter Pflanzenöl
600 g Karotten
Salz
10 Zweige Thymian
Schale und Saft von ½ Zitrone
150 ml kräftiger Hühnerfond
100 ml Weißwein
150 ml Sahne
1 Teelöffel Maisstärke
(siehe Seite 144, „Sauce binden“)
1 Teelöffel Dijon-Senf
1 Teelöffel grober Senf
Pfeffer
Zucker
200 ml Orangensaft
80 g Butter

Mise en place.
Kaninchenkeulen abspülen und gut trocken tupfen. In etwas Öl goldgelb anbraten und beiseitestellen. Karotten schälen und in Stifte schneiden. In Salzwasser bissfest kochen und gut mit kaltem Wasser abschrecken. So bleibt die Farbe schön orange.

Réalisation.
Das restliche Öl leicht erhitzen, 1 Teelöffel Salz einrühren, 5 Thymianzweige und einen breiten Streifen Zitronenschale einlegen, Kaninchen hinzugeben und 1 Stunde ganz leicht köcheln.

Für die Kaninchensauce Hühnerfond, Wein und Sahne zusammen erhitzen, mit Maisstärke binden. Vom Herd nehmen, Senf und die restlichen gehackten Thymianblätter einrühren. Mit Salz, Pfeffer, Zucker und Zitronensaft abschmecken. 1 Teelöffel Zucker in einem Topf mit schwerem Boden karamellisieren, mit Orangensaft ablöschen und auf die Hälfte reduzieren. Butter einrühren. 5 Minuten vor Ende der Garzeit der Kaninchenkeulen die Karotten darin erhitzen.

Présentation.
Das Fleisch ist gar, wenn es sich mit einer Gabel leicht vom Knochen lösen lässt. Aus dem Topf nehmen, Fett mit Küchenpapier abtupfen. Keule auf den Karotten anrichten und mit Sauce nappieren. Dazu frische Pasta oder einfach Baguettebrot reichen.

Falls Ihnen diese Zubereitung bekannt vorkommt: Sie ist dem berühmten Entenconfit nachempfunden. In ihrem Öl halten die Kaninchenkeulen mehrere Tage. In diesem Fall können sie gut in der Sauce aufgewärmt werden.

Rezept Seite 148

Rezept Seite 152

Rezept Seite 146

Rezept Seite 147

PÂTES AU PISTOU

PASTA MIT PESTO „FOURNIL" UND PESTO „BRASSERIE LA PROVENCE"

„Bei aller Freundschaft zwischen Nicolas und mir, wenn er mein Rezept für Pesto kennen würde, hätte er kein Verständnis für die Zutaten: ‚Mais Stephan ! Ça ne va pas, non !' – ‚Ah oui, Großpapa, bien sûr !'"

Marché

Pesto „Fournil":

3 Bund Basilikum
4 Knoblauchzehen
2 Esslöffel Pinienkerne
ca. 300 ml Olivenöl
Zitronensaft oder Ascorbinsäure *(aus der Apotheke)*
Salz
Pfeffer

Pesto „Brasserie":

1 Bund Basilikum
1 Bund Rucola
1 Bund Sauerampfer
2 Knoblauchzehen
1 Apfel
ca. 300 ml Sonnenblumenöl
2 Teelöffel Haselnüsse
1 Teelöffel Pinienkerne
75 g Ziegenfrischkäse
75 g Parmesan
Piment *(gemahlen)*
1 Teelöffel Senf
1 Esslöffel Zitronensaft
Salz
Zucker

frische Pasta
1 Teelöffel Butter

Mise en place.

Pesto „Fournil": Basilikum, wenn nötig, waschen, Knoblauch putzen und in kleine Würfel schneiden. Pinienkerne rösten und mahlen.

Pesto „Brasserie": Die Kräuter waschen, Knoblauch klein schneiden. Ungeschälten Apfel ohne Kerngehäuse klein schneiden. Haselnüsse und Pinienkerne anrösten und mit der Küchenmaschine mahlen, dann abkühlen lassen. Parmesan reiben und Ziegenkäse in kleine Stücke brechen.

Réalisation.

Pesto „Fournil": Früher wurde Pesto in einem Mörser hergestellt, so konnte man das Öl gut in die Kräuter einarbeiten. Ich finde aber, mit den modernen Küchenmaschinen kommt man zu einem ähnlich guten Ergebnis. Sofern möglich, sollten Sie die Umdrehungen langsam steigern: Kräuter, Pinienkerne und Knoblauch in die Maschine geben, pürieren und langsam das Öl hinzulaufen lassen, bis eine cremige Konsistenz entsteht (emulgieren). Wenn Sie Ihr Pesto länger lagern und die satte grüne Farbe erhalten wollen, geben Sie einen Spritzer Zitronensaft oder 2 Messerspitzen Ascorbinsäure hinzu und salzen es erst bei Verwendung. Ansonsten mit Salz und Pfeffer abschmecken. In provenzalischem Pistou ist niemals Parmesan enthalten.

Pesto „Brasserie": Kräuter, Knoblauch und Apfel in der Küchenmaschine pürieren. Etwas Öl und die Nussmischung hinzufügen und weitermixen, danach Käse, eine Messerspitze Piment, Senf und Zitronensaft dazugeben. Nach und nach das Öl zulaufen lassen, bis alles gut zerkleinert und von cremiger Konsistenz ist. Mit Salz und Zucker abschmecken.

Présentation.

Nudeln in Salzwasser (ohne Öl) bissfest kochen. Kochwasser abgießen, etwa ½ Tasse davon auffangen. Nicht abschrecken. In einer vorgewärmten Schale die Pasta mit etwas Butter und dem Kochwasser vermischen. Am Schluss das Pesto daruntermischen. Pesto niemals erhitzen!

CRÈME CARAMEL

GEBRANNTE KARAMELLCREME

„Sicher: Jeder junge Frankreich-Reisende hat an dieses Dessert frühkindliche Erinnerungen. Meistens an viel zu süße Supermarktware. Wir Großen sind gottlob in der Lage, diese Creme selbst noch leckerer herzustellen.“

Marché

2 Vanilleschoten
250 ml Milch
125 g Zucker
100 ml Sahne
1 Ei
2 Eigelb
3 Esslöffel Apfelsaft
1 Esslöffel Balsamico-Essig
1 Esslöffel Butter

Mise en place.

Vanilleschoten aufschlitzen, Mark auskratzen und mit den Schoten in der Milch und mit 50 g Zucker 5 Minuten auskochen. Schoten entfernen. Sahne in die Milch rühren und abkühlen lassen. Danach mit Ei und Eigelben aufmixen und ruhen lassen. Das Geheimnis einer guten Creme liegt darin, dass man wartet, bis sich der Schaum absetzt, und ihn dann entfernt. Deshalb ist es am besten, die Mischung einen Tag vorher zuzubereiten.

Den restlichen Zucker mit 1 Esslöffel Wasser stark erhitzen, bis ein glatter brauner Karamell entsteht. Je dunkler er wird, desto bitterer schmeckt er. Den Kochprozess mit Apfelsaft und Balsamico-Essig unterbrechen. Mit Butter abbinden. Vorsicht, in der Küche ist nichts heißer als Karamell, deshalb auf keinen Fall abschmecken! Die Flüssigkeit sollte eine sirupartige Konsistenz haben. Karamell in vier Gratinschalen füllen und abkühlen lassen.

Réalisation.

Die angerührte Creme vorsichtig auf den Karamell füllen und bei 180 °C (keine Umluft) im vorgeheizten Ofen im Wasserbad etwa 30 Minuten stocken lassen. Für eine Garprobe vorsichtig mit einem Messer einstechen – es darf nichts kleben bleiben. Gut abkühlen lassen.

Présentation.

Die Schälchen kurz in Wasser anwärmen, die Creme mit einem schmalen Messer rundherum auslösen und mit Selbstbewusstsein stürzen (leicht schräg halten). Verbliebenen Karamell kurz in der Mikrowelle erhitzen und über die Creme geben.

PAVÉ AU CHOCOLAT AVEC CRÈME ANGLAISE

SCHOKOLADENKUCHEN MIT ENGLISCHER CREME

„In einer warmen Sommernacht zu viert, in der viel getrunken und noch mehr gesungen (Rigoletto) wurde, verriet mir Jany zum ersten Mal ein Rezept. Es war ihr legendärer Schokoladenkuchen, um dessen Zutaten sich viele Gerüchte rankten. Leider war ihre Rezeptur für eine Wochenration im Restaurant – und so musste ich mir für meinen ersten Versuch, diesen Kuchen nachzubacken, eine kleine Babybadewanne kaufen, um den Teig zu mischen. So groß waren die Menge und mein Respekt vor dem Rezept.“

Marché

Schokoladenkuchen:

250 g dunkle Schokolade
250 g Butter
5 Eier
250 g Zucker
75 g Mehl

Sauce:

250 ml Sahne
250 ml Milch
110 g Zucker
Mark von 1 Vanilleschote
1 Teelöffel Vanillezucker
3 Blatt frische Minze
5 Eigelb
Puderzucker

Réalisation.

Schokoladenkuchen: Schokolade mit Butter im Wasserbad vorsichtig schmelzen und etwas abkühlen lassen. Die Eier mit dem Zucker weiß aufschlagen und die Schokoladen-Butter-Masse langsam hinzulaufen lassen. Dann das gesiebte Mehl unterrühren. In einer eckigen, mit Backpapier ausgelegten Auflaufform (ca. 25 x 30 cm) bei 180 °C (keine Umluft) im vorgeheizten Ofen backen. Der Kern sollte noch feucht und nur halbgar sein. Kuchen aus dem Ofen nehmen und auf dem Blech auskühlen lassen.

Sauce: Sahne und Milch vermischen und kurz aufkochen lassen. Zucker, Vanillemark, Vanillezucker und Minzeblätter hinzugeben und 2 Minuten weiterköcheln lassen. Minzeblätter entfernen. Neben dem Herd die Eigelbe unter ständigem Rühren hinzugeben. Weiterrühren und dabei behutsam auf etwa 80 °C erhitzen. Umfüllen und durchkühlen lassen.

Présentation.

Den Kuchen in Rauten schneiden und zimmerwarm mit kalter Sauce anrichten. Abschließend mit etwas Puderzucker bestäuben.

TARTARE DE SAUMON ET UNE TOMATE FONDUE

LACHSTATAR MIT GEGRILLTER KIRSCHTOMATE

„Ich finde, in vielen Rezepten sind die Salz- und Zuckerangaben für gebeizten Lachs unausgewogen. Meistens ist zu viel Salz im Spiel. Mit dieser Rezeptur, die den Lachs in zwei Schritten beizt, erzielen Sie ein besseres Ergebnis. Es ist immer etwas kompliziert, getrocknete Kräuter zu verarbeiten. Nach einigen Experimenten haben wir uns zum Mahlen für eine herkömmliche elektrische Kaffeemühle entschieden. So können Sie wunderbare Kräutermischungen herstellen, die ihre Aromen gut verteilen."

Marché

500 g Lachsfilet
200 g Zucker
100 g Salz
1 Schuss Wodka
1 Teelöffel getrockneter Rosmarin
1 Teelöffel Anissamen
1 Teelöffel Senfsaat
½ Teelöffel Sezuan-Pfeffer
½ Teelöffel Fenchelsamen
200 ml Pflanzenöl
2 Esslöffel Kapern *(„Nonpareilles")*
3 Cornichons
½ Salatgurke
½ Bund Dill
3 Esslöffel Crème fraîche
1 Teelöffel Dijon-Senf
2 Esslöffel Mayonnaise
Salz
Pfeffer
Honig
Zitronensaft
4 Pastis-Tomaten *(Seite 189)*

Mise en place

Fisch waschen, gut trocken tupfen und die Haut entfernen. Lachs in drei gleich große Stücke teilen. Zucker und Salz vermischen und den Fisch darin einlegen. Einen Schuss Wodka hinzufügen. Fisch in einen gut verschließbaren Behälter geben und gut schütteln. 24 Stunden gekühlt kaltgaren lassen.

Für das Würzöl die Gewürze in eine Kaffeemühle geben, fein mahlen und mit dem Öl vermischen. Nach einem Tag den Lachs schnell und gründlich abspülen, gut trocknen und dann im Gewürzöl einlegen. Einen weiteren Tag marinieren.

Réalisation.

Kapern gut abspülen, Cornichons und Gurke ohne Schale und Kerngehäuse in kleine Würfel schneiden. Dill fein hacken. Lachs aus dem Öl nehmen, etwas abtropfen lassen und ebenfalls in kleine Würfel schneiden. Alle Zutaten mit Crème fraîche, Senf und Mayonnaise gut vermischen. Mit Salz, Pfeffer, Honig und etwas Zitronensaft abschmecken.

Présentation.

Das Tatar in einem kleinen Weckglas oder mithilfe eines Rings auf einem Teller anrichten, eine Pastis-Tomate aufsetzen.

Rezept Seite 155

Rezept Seite 153

TARTE AU CHÈVRE FRAIS AVEC CONFITURE

TARTE MIT ZIEGENFRISCHKÄSE UND RATATOUILLE-MARMELADE

„Diese Tarte vereinigt alle typischen Aromen der Provence. Ich bin im Sommer nicht immer zufrieden mit der Qualität des Supermarktsalats, also habe ich eines Tages stolz und optimistisch in Südfrankreich mein eigenes kleines Salatbeet angelegt. Der Salat gedieh bei guter Pflege und trotz der vielen Nacktschnecken, die in unserer Straße nur in unserem Garten wohnen, erstaunlich gut. Eines Tages kam Nicolas zu Besuch, begutachtete mein Salatbeet und sagte: ‚Weißt du, daraus kannst du eine herrliche Suppe kochen.' Mon Dieu, das kann nur einem Südfranzosen einfallen!"

Marché

250 g Mascarpone
350 g Ziegenfrischkäse
3 Eier
2 Eigelb
Salz
Cayennepfeffer
50 g Walnüsse
Mürbeteig
(Seite 145)
2 Esslöffel Ratatouille-Marmelade
(Seite 206)
1 Teelöffel getrockneter Thymian

Mise en place.

Mascarpone, Ziegenfrischkäse, Eier und Eigelbe mit dem Handmixer gut durchrühren, mit Salz und Pfeffer abschmecken. Die Walnüsse grob hacken und ohne Fett in der Pfanne leicht anrösten.

Réalisation.

4 kleine Auflaufformen ausfetten und mit dem Mürbeteig auskleiden. Den Rand etwas überstehen lassen. Ratatouille-Marmelade gleichmäßig darauf verteilen und mit der Käsemasse auffüllen. Nüsse und Thymian aufstreuen. Im vorgeheizten Ofen bei 180 °C (Umluft) goldgelb backen. Die Käsecreme sollte leicht stocken.

Présentation.

Etwas abkühlen lassen und aus den Förmchen lösen. In einem Salatbett servieren.

SOUPE AUX CAROTTES À LA FOLIE DE CRÉMANT

KAROTTENSUPPE UND GEBRATENE SCAMPI MIT EINEM PRICKELNDEN SCHUSS CRÉMANT

*„Der Unterschied zwischen einem langweiligen Kindergericht
und dieser eleganten Suppe ist ein kleiner, aber sehr feiner.
Wie so oft im Leben ist es ein Glas Champagner oder Crémant, das den Unterschied macht
und der Suppe zu einem großen Auftritt verhilft. Une coupe de champagne qui fait la différence …“*

Marché

500 g Karotten
1 große Gemüsezwiebel
125 g Butter
1 Chilischote
1 Liter Hühnerfond
(Seite 143)
250 ml Orangensaft
125 ml Sahne
Salz
Zucker
weißer Pfeffer
4 Scampi
Öl
1 Schuss Pastis
Crémant

Mise en place.

Karotten schälen und in dünne Scheiben schneiden, Gemüsezwiebel würfeln.

Réalisation.

In der Butter zuerst die Zwiebelwürfel und die zerkleinerte Chilischote anschwitzen, dann die Karotten dazugeben und alles 5 Minuten leicht köcheln lassen. Mit Hühnerfond und Orangensaft auffüllen und alles weich kochen. Im Topf mit einem Mixstab pürieren und durch die „flotte Lotte“ passieren. Die Suppe mit der Sahne noch einmal kurz aufkochen und mit Salz, Zucker und Pfeffer abschmecken. Sie soll sehr dickflüssig sein.

Von den Scampi den Kopf entfernen, den Panzer am Rücken einschneiden, den Darm ziehen. Öl in einer Pfanne erhitzen, Scampi anbraten, salzen und mit Pastis ablöschen (Vorsicht, Flamme!).

Présentation.

Die heiße Suppe in tiefe Teller füllen, je einen Scampi aufsetzen. Am Tisch die Suppe direkt vor den Gästen mit einem guten Schuss Crémant auffüllen, sodass sie aufschäumt.

ENCORNETS FARCIS ET SES COPAINS À LA SÉTOISE

GEFÜLLTE TINTENFISCHTUBEN IN PROVENZALISCHER BOURRIDE

„Zugegeben: ein aufwendiges Rezept. Etwas vereinfachen können Sie es, wenn Sie irgendwann einmal eine Fischsuppe gekocht und etwas davon vor der Zugabe der Sahne eingefroren haben. Dann ist das Rezept plötzlich nur noch halb so kompliziert. Die Wahl des richtigen Tintenfischs ist nicht ganz einfach. Der eine gart schnell, der andere nie. Mein Tipp: Machen Sie einfach eine Garprobe, bevor Sie sich die ganze Arbeit mit der Fischfarce machen. Geben Sie etwas Tintenfisch in leicht siedendes Wasser – die Garzeit, die Sie so ermitteln, sollte ein guter Anhaltspunkt sein."

Marché
1 kg große, küchenfertige Tintenfischtuben *(eventuell tiefgefroren)*
500 g Weißfischfilet *(Kabeljau, Rotbarsch oder Seelachs)*
1 Ei
1 Bund Dill
2 Eiweiß
ca. 10 g Salz
400 ml Sahne
weißer Pfeffer
1,5 Liter Bourride *(Seite 190)*
eventuell etwas Fischfond

Mise en place.
Tintenfischtuben auftauen, abspülen und gut trocknen. Fisch von Gräten befreien. Ei hart kochen, pellen, abkühlen lassen und in kleine Würfel schneiden. Dill fein hacken.

Réalisation.
Eiweiß und Salz in der Küchenmaschine (Messereinsatz) 2 Minuten schlagen. Fisch hinzufügen und beim Pürieren langsam die Sahne dazulaufen lassen. Alle Zutaten sollten schön kalt sein. Fischfarce in eine Schüssel geben, Dill und Eiwürfel unterheben, mit Pfeffer und Salz abschmecken. Die Farce in einen Einwegspritzbeutel geben und die Tintenfischtuben damit füllen.

Die Hälfte der Bourride erhitzen, mit etwas Wasser oder Fischfond verdünnen und in einen Topf oder eine große Auflaufform geben. Die Tintenfischtuben nebeneinander hineinlegen. Das Ganze im Ofen oder auf dem Herd bei geschlossenem Deckel etwa 45 Minuten leicht köcheln lassen. Am Schluss die Tintenfische vorsichtig aus dem Topf heben, den Sud durch ein Sieb geben und danach mit der restlichen Bourride vermischen. Fischsuppe noch mal abschmecken und eventuell etwas einkochen lassen.

Présentation.
Die Tintenfischtuben in der Bourride noch einmal kurz aufwärmen und dann beides in einem tiefen Teller servieren. Dazu reichen Sie die üblichen Verdächtigen: Rouille, Käse und Croûtons (Seite 190).

LA DAUBE PROVENÇALE

IN ROTWEIN GESCHMORTES RINDERRAGOUT MIT EINEM HAUCH ORANGE

„Wenn es ein provenzalisches Nationalgericht gibt, dann ist es sicherlich La Daube. Ein einfaches Schmorgericht mit wenigen Zutaten – deshalb sollten diese von besonderer Qualität sein. Traditionell wurde La Daube nach dem Backen langsam in der Restwärme der ausgeschalteten Brotöfen geschmort. Grundsätzlich schmeckt jedes Schmorgericht besser, wenn es einmal ganz ausgekühlt war und am nächsten Tag in der Sauce wieder erhitzt wird.“

Marché

La Daube:

1,5 kg Rinderschaufel
(Seite 235)
Pflanzenöl
Salz
1 große Zwiebel
1 Bund Suppengrün
1 unbehandelte Orange
1 Flasche kräftiger Rotwein
500 ml Rinderfond
1 Knoblauchzehe
3 getrocknete Tomaten
1 Bouquet garni
(Seite 142)
Pfeffer
1 Esslöffel Orangenmarmelade
(Seite 203)
Maisstärke
(Seite 144)

Panisse:

125 g Kichererbsenmehl
125 g Weizenmehl
500 ml Wasser mit 8 g Salz
Olivenöl

Mise en place.

La Daube: Fleisch parieren und in 2 × 2 cm große Würfel schneiden. In einem schweren Schmortopf in Pflanzenöl kräftig anbraten, etwas salzen und beiseitestellen. Zwiebel würfeln, Suppengrün putzen und in nicht zu kleine Stücke schneiden. Die Orange auspressen und zwei breite Streifen der Schale abschneiden. Im gleichen Schmortopf Zwiebeln und Suppengrün anschwitzen, mit Rotwein, Rinderfond, Orangensaft, Orangenschale, ganzer, angedrückter Knoblauchzehe mit Schale und getrockneten Tomaten mischen. Bouquet garni und Fleisch dazugeben und einen Tag an einem kühlen Ort durchziehen lassen.

Panisse: In einer Schüssel die beiden Mehlsorten miteinander vermischen und unter kräftigem Schlagen das gesalzene Wasser einarbeiten. Das Ganze erhitzen und etwa 10 Minuten auf kleiner Flamme und unter ständigem Rühren andicken. Vier kleine Untertassen großzügig mit Olivenöl einpinseln und die Masse aus dem Topf daraufstreichen. Vollständig auskühlen lassen. Voilà la panisse!

Réalisation.

Am nächsten Tag das Fleisch im Schmortopf im Ofen bei 160 °C (Umluft) etwa 4 Stunden schmoren. Den Deckel nicht ganz schließen, damit etwas Flüssigkeit verdampfen kann. Alternativ können Sie dieses Gericht auch auf kleiner Flamme auf dem Herd schmoren. Wenn das Fleisch schön weich ist, aber noch nicht zerfällt, angeln Sie es am besten mit einer Küchenzange aus dem Sud und lassen es ein wenig abkühlen. Die Kochflüssigkeit durch ein Sieb geben und auf 500 ml einkochen. Einlage wegwerfen. Salzen, pfeffern, mit der Orangenmarmelade und einem Schuss Rotwein abrunden. Mit Maisstärke binden. Das Fleisch wieder dazugeben. Deckel schließen und das Fleisch in der Sauce warm werden lassen.

Présentation.

Die Panisse von der Untertasse lösen und in Olivenöl goldbraun braten. Das Fleisch noch mal erhitzen und beides mit einem grünen Salat servieren.

Rezept Seite 158

Rezept Seite 161

Rezept Seite 160

BLANC-MANGER ET SON CONFIT DE MYRTILLES

MANDELCREME MIT CONFIERTEN BLAUBEEREN

„Dieses Dessert gehört in die Kategorie:
Jeder hat es schon mal gegessen, aber keiner weiß so genau, wie's geht …
Wenn Sie keine schönen Früchte finden, erwärmen Sie einfach Ihre Lieblingsmarmelade
und nehmen sie als Ersatz für das Kompott."

Marché
250 ml Milch
50 g Zucker
60 g geriebene Mandeln
4 Blatt Gelatine *(36 g)*
2 Tropfen Bittermandelöl
125 g Sahne
1 Päckchen Vanillezucker
250 g Blaubeeren
(auch tiefgefroren)
2 Esslöffel Zucker
100 ml Rotwein
Pfeffer

Mise en place.
Milch, Zucker und Mandeln kurz aufkochen und am besten über Nacht ziehen lassen. Die Flüssigkeit durch ein feines Sieb geben und so die geriebenen Mandeln herausfiltern.

Réalisation.
3 Blatt Gelatine in kaltem Wasser einweichen. 50 ml von der Milch-Mandel-Mischung abnehmen, kurz erhitzen und die Gelatine darin auflösen. Zusammen mit dem Bittermandelöl unter die restliche Flüssigkeit rühren. Die Sahne mit Vanillezucker halbsteif schlagen und beide Flüssigkeiten vorsichtig miteinander mischen. Blanc-Manger in kleine Gratinformen oder kleine Weckgläser füllen. Gut kühlen und stocken lassen.

Blaubeeren gegebenenfalls waschen, ist nicht unbedingt nötig. Zucker mit etwas Wasser in einem Topf karamellisieren und mit dem Rotwein ablöschen. Blaubeeren dazugeben und einmal kurz aufkochen lassen. Restliche Gelatine in kaltem Wasser einweichen, ausdrücken und unter die warmen, aber nicht mehr kochenden Früchte mischen. Leicht pfeffern und kalt werden lassen.

Présentation.
Wenn Sie das Dessert stürzen wollen, die Form kurz in heißes Wasser tauchen. Einen Spiegel Blaubeerkompott auf den Teller geben und den Blanc-Manger daraufsetzen. Oder eine Schicht Früchtekompott auf die Creme geben und servieren.

LE CHIEN SAIN À CAUSE DE CHOCOLAT

KALTE HUNDESCHNAUZE AUF PROVENZALISCH (FÜR BORIS)

*„Was um Gottes willen hat eine kalte Hundeschnauze in einem französischen Kochbuch zu suchen?
Auf den ersten Blick gar nichts! Zugegeben:
Sie ist lecker und hier sogar provenzalisch angehaucht. Etwas Humor muss man schon haben.
Aber im Verlauf dieses Buches haben wir uns ja etwas näher kennengelernt.
Und dieses Rezept ist eine Hommage an Jojo, Josef und Lifar. Raten Sie doch mal, wer das war ...
Ein kleiner Tipp: Cherchez les chiens, même au restaurant!“*

Marché

1 Teelöffel Anissaat
1 Teelöffel getrockneter Thymian
2 Umdrehungen aus der Pfeffermühle
250 g dunkle Schokolade
100 g Vollmilchschokolade
50 g Pflanzenfett
2 Packungen Butterkekse

Mise en place.
Die Gewürze mahlen (wie auf Seite 153) oder fein mörsern. Schokolade und Pflanzenfett zusammen im Wasserbad behutsam schmelzen und die Gewürze unterrühren.

Réalisation.
Eine Kastenform mit Backpapier auskleiden. Als Erstes einen Spiegel Schokoladensauce hineingeben, danach abwechselnd Butterkekse und Schokoladensauce hineinschichten. Zwischen dem Rand der Kastenform und den geschichteten Keksen soll ein kleiner Zwischenraum bleiben, damit etwas von der Schokolade hineinlaufen kann. Mit Schokoladensauce abschließen. Gut durchkühlen lassen.

Présentation.
Kuchen vorsichtig aus der Form stürzen und in 2 cm dicke Scheiben schneiden. Wer mag, serviert ihn mit Crème anglaise (Seite 152).

Rezept Seite 163

DEUX TAPENADES

TAPENADEN AUS GRÜNEN UND SCHWARZEN OLIVEN

„Tapenade im Haus zu haben, ist immer praktisch.
Egal, ob als Beilage zu geschmortem Fleisch,
gebratenem Fisch oder einfach nur auf gerösteten Croûtons.“

Marché

500 g schwarze Oliven
250 g pürierte schwarze Oliven
1 Knoblauchzehe
5 Sardellenfilets
6 getrocknete Tomatenviertel in Öl
½ Teelöffel gehackter Thymian
Pimentpulver
Zucker
Salz
½ Teelöffel Dijon-Senf
ca. 400 ml Olivenöl

500 g grüne Kräuter-Oliven
250 g pürierte grüne Oliven
2 Esslöffel Kapern *(„Nonpareilles“)*
1 Teelöffel gehackte glatte Petersilie
5 Cornichons
etwas Honig

Mise en place.

Sollten die Oliven noch Kerne haben, müssen diese natürlich entfernt werden. Über die Qualität von Oliven könnte man ein ganzes Kapitel schreiben; kaufen Sie einfach die, die Sie auch im Ganzen am liebsten mögen, am besten natürlich welche aus der Provence.

Réalisation.

Für die dunkle Tapenade füllen Sie schwarze Oliven, dunkles Olivenpüree, die abgezogene Knoblauchzehe, Sardellenfilets, getrocknete Tomaten, Thymian, eine Prise Piment, eine Prise Zucker, Salz und Senf in einen Mixer. Zutaten zerkleinern und so viel Olivenöl einlaufen lassen, bis eine homogene, cremige Masse entsteht (maximal 200 ml). Abschmecken und kalt stellen.

Für die grüne Tapenade füllen Sie grüne Oliven, grünes Olivenpüree, Kapern, Petersilie, Cornichons, etwas Honig und Salz in einen Mixer. Mit dem restlichen Olivenöl wie oben verfahren.

Présentation.

Tapenade in kleine Weckgläser füllen und zum Picknick mitnehmen. Oder kleine Nocken abstechen und zu Fleisch oder Fisch servieren.

RILLETTES DE LAPIN

KANINCHENRILLETTE

„Im Restaurant stehen auch wir immer wieder vor dem Problem:
Wie übersetzt man ‚Rillettes'?
Bevor Sie sich mit Worten wie ‚gesottenes Kaninchenfleisch' abmühen,
probieren Sie es einfach mit: ‚Ein Rillette ist eben ein Rillette.'"

Marché
1 frisches Kaninchen
(ohne Kopf und Leber)
1 kg Schweinebauch
(ohne Knochen)
2 Scheiben durchwachsener Speck *(etwa 1 cm dick)*
1 Liter Weißwein
3 g getrockneter Rosmarin
3 g getrockneter Thymian
1 Teelöffel Salz
Pfeffer
gemahlener Muskat
2 Nelken
150 g Schweineschmalz
Fleur de Sel

Mise en place.
Kaninchen in acht Stücke teilen. Schweinebauch und Speck grob würfeln.

Réalisation.
Schweinebauch und Speck in einen Schnellkochtopf geben und Kaninchenstücke darauf platzieren. Wein angießen, Kräuter und Gewürze dazugeben. Deckel schließen und 1 Stunde bei mittlerer Hitze köcheln lassen. In einem herkömmlichen Kochtopf beträgt die Garzeit 3 Stunden. Schnellkochtopf vom Herd nehmen und so weit abkühlen lassen, dass man den Deckel öffnen kann. Fleisch ausdampfen lassen und vorsichtig die Knochen vom Kaninchen entfernen. Sollte sich noch viel Flüssigkeit im Topf befinden, abgießen und separat auf 200 ml einkochen lassen. Danach wieder hinzufügen. Alles gut durchmischen, das Fleisch sollte vollständig zerfallen. Schweineschmalz unterrühren und abschmecken. In Gläser oder eine Terrinenform füllen und gut durchkühlen lassen.

Présentation.
Rillette in großen Nocken anrichten oder auf geröstetes Landbrot streichen. Mit Fleur de Sel und Pfeffer würzen. Dazu passen Zwiebelconfit (Seite 165) und Cornichons.

TERRINE DE CAMPAGNE AVEC CONFIT D'OIGNONS

LANDTERRINE MIT ZWIEBELCONFIT

„Jany und Nicolas servierten in ihrem Restaurant über 15 Jahre lang zwei Vorspeisen, das ist eine davon. Vor allem das Zwiebelconfit hat hohes Suchtpotenzial und nichts Gekauftes schmeckt so gut wie eine selbst gemachte Terrine. À propos Fournil – schon vor 20 Jahren war dort dauernd zu hören: ‚Kann ich bitte noch etwas von den Zwiebeln haben?' – ‚Ah oui, bien sûr ...' Machen Sie also bloß genug Zwiebelconfit!"

Marché

Terrine:

450 g Entenleber
3 Esslöffel Portwein
3 Esslöffel Cognac
750 g Schweinenacken
1 rohe Entenbrust *(mit Haut)*
250 g fetter Speck
1 Ei
1 Eigelb
ca. 15 g Salz
gemahlener Pfeffer
5 g Thymian
100 g Entenschmalz

Zwiebelconfit:

1 kg Zwiebeln
(küchenfertig geschnitten, frisch oder tiefgefroren)
Pflanzenöl
100 ml Weißwein
100 g Rosinen
4 Nelken
80 g Zucker
100 ml Rotweinessig
Ingwerpulver
1 Schuss Balsamico-Essig
1 Teelöffel grober Senf

Mise en place.

Die Entenleber wird pariert und in kleine Stücke geschnitten. Eine Hälfte abwiegen und diese in Portwein und Cognac 10 Minuten marinieren. Schweinenacken parieren und in grobe Stücke schneiden. Ebenso die Entenbrust und 100 g des fetten Specks. Den restlichen Speck längs in möglichst dünne Scheiben schneiden. Fleischsorten, Speckwürfel, die nicht marinierte Leber, Ei, Eigelb, Salz, Pfeffer und Thymian in einer großen Schüssel vermischen.

Réalisation.

Terrine: Diese Mischung wird komplett durch die mittlere Scheibe des Fleischwolfs gelassen. Ein Fleischwolf ist für dieses Rezept unumgänglich. In einer normalen Küchenmaschine würde beim Zerkleinern zu viel Eiweiß austreten. Die marinierten Leberstücke unter die durchgelassene Masse mischen. Mit Salz und Pfeffer nachwürzen – seien Sie dabei nicht zu vorsichtig. Die Terrinenform mit Scheiben des fetten Specks auskleiden. Die Terrinenmasse einfüllen, glatt streichen und mit den restlichen Speckscheiben abdecken. Terrinenform in Alufolie einwickeln und im Ofen im Wasserbad bei 230 °C (keine Umluft) 1 Stunde garen. Danach Alufolie entfernen und weitere 30 Minuten garen. Die Kerntemperatur der Terrine sollte bei 75 °C liegen. Aus dem Ofen nehmen und lauwarm abkühlen lassen. Danach ein Küchenbrett auflegen und mit Gewichten beschweren (ca. 1 kg). Über Nacht kühl stellen und am nächsten Tag mit flüssigem Entenschmalz versiegeln. Natürlich ist diese Rezeptur für mehr als 4 Personen. Die Menge ist für eine 1,5-Liter-Terrinenform aus Porzellan gedacht. Sollten Sie keine Terrinenform haben, können Sie auch kleine Auflaufschalen benutzen. Entscheidend ist letztlich die Kerntemperatur. Versiegelt und gut gekühlt hält sich diese Terrine mehr als eine Woche im Kühlschrank.

Zwiebelconfit: Zwiebeln in etwas Pflanzenöl anschwitzen. Weißwein, Rosinen, Salz und Nelken hinzufügen und 20 Minuten im offenen Topf weich werden lassen. Zucker einrühren und weitere 20 Minuten köcheln lassen. Eventuell etwas Öl und Wasser nachgeben. Rotweinessig hinzufügen und weitere 20 Minuten garen. Mit Ingwerpulver, Balsamico-Essig, Salz und Zucker abschmecken. Senf unterrühren. Warm in Gläser füllen und kalt werden lassen. Das Zwiebelconfit hält sich mindestens zwei Wochen.

Présentation.

Terrine in 1 cm dicke Scheiben schneiden, mit Zwiebelconfit und echten französischen Cornichons anrichten. Wer mag, isst ein bisschen grünen Salat dazu.

BOUDINS NOIRS ET SES LENTILLES

WARME BLUTWURST AUF GEMÜSE-LINSEN-SALAT

„Dieses Rezept setzt zwei Dinge voraus:
1. Sie mögen Blutwurst.
2. Sie wollen Ihre Gemüseschnitttechnik verbessern.
Aber vor allem müssen Sie Blutwurst mögen."

Marché

4 Esslöffel Puy-Linsen
3 große Karotten
½ Knollensellerie
1 Lauchstange
½ Zwiebel
Weißweinessig
Salz
6 Esslöffel Olivenöl
1 Teelöffel Senf
Zucker

4 kleine französische Blutwürste
Butterschmalz

Radicchio

Mise en place.

Linsen gut abspülen und 1 Stunde in kaltem Wasser einlegen. Karotten, Sellerie und Lauch werden zu einer Brunoise verarbeitet, also in etwa 2 mm große Würfel geschnitten – damit hat man noch jeden Koch-Azubi in den Wahnsinn getrieben. Am einfachsten geht es, wenn Sie Karotten und Sellerie zunächst mit der Aufschnittmaschine in dünne Scheiben schneiden. Dann schneiden Sie längs aus den Scheiben Stifte und aus den Stiften quer kleine Würfel. Voilà ! Mit dem Lauch verfahren Sie ähnlich, nur ohne Aufschnittmaschine. Bonne chance !

Réalisation.

Die Linsen in reichlich Wasser mit der halben Zwiebel, einem guten Schuss Weißweinessig und einer Prise Salz bissfest garen. Gemüsebrunoise ebenfalls in Salzwasser bissfest garen, abgießen, den Sud aufbewahren und die Brunoise gut abschrecken. Mit 6 Esslöffeln Gemüsesud, Olivenöl, 3 Esslöffeln Weißweinessig, Senf, Zucker und Salz eine leichte Vinaigrette schlagen. Die Blutwürste pellen und in breite Scheiben schneiden.

Présentation.

Linsen und Gemüse mischen, in etwas Gemüsesud leicht erwärmen, mit der Vinaigrette vermengen und auf einem Teller anrichten. Die Blutwurstscheiben vorsichtig in Butterschmalz anbraten, auf den Salat setzen und mit etwas dünn geschnittenem Radicchio dekorieren.

Rezept Seite 166

Rezept Seite 164

Rezept Seite 165

DEUX GASPACHOS

TOMATENGASPACHO UND GURKENGASPACHO MIT ZIEGENFRISCHKÄSE

*„Im Gegensatz zur spanischen Gaspacho werden hier die Suppen nicht mit Weißbrot gebunden.
So entsteht eine noch leichtere Suppe,
die man besser aufbewahren kann, die an heißen Tagen wunderbar erfrischt
und Platz für einen üppigen Hauptgang lässt."*

Marché

Tomatengaspacho:

2 Gurken
6 reife rote Tomaten
½ rote Zwiebel
1 rote Paprika
50 ml Olivenöl
2 Knoblauchzehen *(geputzt)*
500 ml Hühnerfond
Salz
Zucker
Tabasco
hochwertiger dunkler Balsamico-Essig

Gurkengaspacho:

6 Gurken
3 reife gelbe Tomaten
1 Gemüsezwiebel
3 zarte Stangen Staudensellerie
100 ml Naturjoghurt
500 ml Gemüsefond
100 g Ziegenfrischkäse
Salz
Honig
Tabasco
Dill
Zitronensaft

Mise en place.

Für beide Gaspachos geschälte Gurken, blanchierte und gehäutete Tomaten, rote Zwiebel und Paprika in kleine Stücke schneiden. Gemüsezwiebel weich kochen, Stangensellerie gegebenenfalls dünn schälen und ebenfalls in kleine Stücke schneiden.

Réalisation.

Tomatengaspacho: Sollte Ihre Küchenmaschine zu klein sein, können Sie das Gemüse in mehreren Etappen pürieren. Dabei immer etwas Fond dazugeben. Olivenöl, Tomaten, Gurken, geschälte Knoblauchzehen, Zwiebel und Paprika in einem Blender oder einer Küchenmaschine zerkleinern und langsam den Hühnerfond dazulaufen lassen. Am Schluss mit Salz, Zucker, Tabasco und Balsamico-Essig würzen. Entscheidend für die feine Konsistenz der Suppe ist, dass am Anfang des Pürierens nicht zu viel Flüssigkeit im Gefäß ist.

Gurkengaspacho: Mit den angegebenen Zutaten genauso vorgehen wie oben. Den Joghurt zufügen und den Gemüsefond langsam dazulaufen lassen. Wenn die Suppe eine gute Konsistenz hat, den Ziegenfrischkäse daruntermixen. Am Schluss mit Salz, Honig, Tabasco, Dill und Zitronensaft würzen.

Beide Suppen gut durchkühlen.

Présentation.

Vor dem Anrichten noch einmal gut durchrühren. Am besten in zwei Gläsern servieren. Dazu passen wunderbar kleine Croûtons mit Tapenade (Seite 163).

CRUDITÉS À LA CAMPAGNE ET LEUR ANCHOÏADE

GEMÜSEKORB MIT SARDELLENDIP

„Ein Korb voll mit bestem leuchtenden Gemüse und Salat ist Lebensfreude pur. Dazu einer der berühmtesten Dips aus der Provence, eine gute Salami, eine Landterrine – und alle sind glücklich. Da sowieso keiner freiwillig aufhört zu essen, kann das gut und gern an einem Sommertag ein Hauptgericht sein. Das sorgfältige Schälen und Putzen des Gemüses gehört dabei zur (Vor-)Freude dazu."

Marché

Gurke
Stangensellerie
Tomaten
Paprika
Radieschen
große Champignons
Lauchzwiebeln
Karotten
Fenchel
hart gekochte Eier

Anchoïade:

400 g Joghurt
200 g Mayonnaise
30 g Dijon-Senf
50 g Sardellenpaste
6 Sardellenfilets
1 Teelöffel Zucker
Salz
etwas dunkler Balsamico-Essig
etwas Olivenöl

Mise en place.

Gemüse gut waschen und putzen. Je nachdem, wie Sie anrichten wollen (siehe Présentation), ganz lassen oder in mundgerechte Stücke schneiden. Sollten Sie ein Picknick planen, wickeln Sie das geputzte Gemüse in feuchtes Küchenpapier ein.

Réalisation.

Geben Sie die Zutaten für die Anchoïade in einen Mixbecher und vermischen alles gut mit einem Pürierstab. Mit Zucker, Salz, Essig und Olivenöl abschmecken und kühl stellen.

Présentation.

Das Gemüse in einem Korb, auf einer Platte oder vielleicht auch auf einer Mauer anrichten und dazu den Dip in kleinen Schalen reichen. Weitere mögliche Saucen sind die Kräutervinaigrette (Seite 225) und natürlich die Rouille (Seite 190).

SUPRÊME DE POULET AUX „QUATRE ÉPICES“

ZITRONENHÜHNCHEN „QUATRE ÉPICES“ MIT GRÜNEM SPARGELSALAT

„Der Suprême-Schnitt bei Geflügel löst endlich das ewige Problem von Louis de Funès: Brust oder Keule? Dieses kleine delikate Stück Fleisch beinhaltet sowohl ein Stück saftige Brust als auch ein Stück Keule. So kommt es am Tisch trotz der Zitrone nicht zu sauren Gesichtern.“

Marché

Suprêmes:

4 Maispoulardensuprêmes
„Quatre Épices“-Gewürzmischung aus Frankreich
(schwarzer Pfeffer, Muskatnuss, Nelken, Ingwer)
4 Zitronen
(davon 1 unbehandelt)
Butterschmalz
4 Esslöffel Zitronengelee
200 ml Hühnerfond
(Seite 143)
etwas Honig
Salz

Spargelsalat:

1 rote Paprika
2 grüne Zucchini
etwas Olivenöl
500 g weißer Spargel
500 g grüner Spargel
100 g schwarze Oliven
(entkernt)
4 Esslöffel Kräutervinaigrette
(Seite 225)
100 g Couscous
(mittleres Korn)
Salz
Butter

Mise en place.

Suprêmes: Maispoulardensuprêmes trocken tupfen und mit der Hautseite in die Gewürzmischung drücken. Zitronen auspressen und die Schale einer halben unbehandelten Zitrone klein schneiden. Maispoulardensuprêmes in reichlich Butterschmalz von beiden Seiten anbraten. Aus Zitronensaft, Zitronenschale, Zitronengelee und Hühnerfond eine Marinade mischen und das Fleisch darin über Nacht einlegen.

Spargelsalat: Weißen Spargel schälen, zu Rauten schneiden, bissfest garen und gut abschrecken. Vom grünen Spargel die Enden großzügig abtrennen, Spargel ebenfalls zu Rauten schneiden, bissfest garen und gut abschrecken. Paprika und Zucchini auf die Größe der Spargelstücke, entsteinte Oliven in kleine Ringe schneiden.

Réalisation.

Suprêmes: Maispoulardensuprêmes gut abtrocknen, mit Honig einstreichen, mit Quatre Épices nachwürzen und salzen. Im Ofen bei 180 °C (Umluft) etwa 20 Minuten goldgelb braten (Kerntemperatur ca. 70 °C). Für den Spargelsalat 5 Minuten vor Ende der Garzeit Paprika und Zucchini in etwas Olivenöl anbraten, Spargel und Oliven hinzufügen. Alles kurz anrösten und mit jeweils 4 Esslöffeln Marinade und Kräutervinaigrette ablöschen.

Spargelsalat: Couscous in 100 ml lauwarmem Salzwasser 5 Minuten einweichen, danach in einem Sieb über heißem Wasserdampf garen. Dabei immer wieder gut durchrühren. Wenn er noch Biss hat, in eine Schüssel geben und mit etwas Olivenöl, Butter und Salz gut durchmischen. Auf diese Weise bleibt er schön körnig und wird hinterher im Salat nicht zu matschig. Gemüse in einer Salatschüssel mit dem Couscous mischen.

Présentation.

Salat in der Tellermitte anrichten, die Maispoulardensuprêmes darauflegen. Entweder lauwarm oder kalt essen. Sollten Sie sich für die kalte Variante entscheiden, Couscous und Salat erst in letzter Minute miteinander mischen, da der Salat sonst weich wird.

Sollten Sie eine Sauce für die Maispoulardensuprêmes wünschen, können Sie die Marinade reduzieren, mit einem Löffel eiskalter Butter binden und mit etwas Salz und Quatre Épices abschmecken. Diese Sauce sollte man nur warm servieren.

CRÈME BRÛLÉE AU FROMAGE DE CHÈVRE

GEBRANNTE ZIEGENFRISCHKÄSECREME

„Lavendelblüten zum Kochen findet man in Deutschland immer häufiger.
Benutzen Sie auf keinen Fall Lavendel aus der Duftabteilung oder dem Blumenladen.
Dieser ist meist behandelt und ungenießbar. Sollten Sie eigenen Lavendel im Garten haben,
können Sie das Öl selbstverständlich damit herstellen.
An einem dunklen Ort hält es sich mehrere Monate."

Marché
2 Teelöffel Lavendelblüten
200 ml Pflanzenöl
300 g Ziegenfrischkäse
300 ml Sahne
300 ml Milch
8 Eigelb
Salz
Pfeffer
2 Teelöffel brauner Zucker

Mise en place.
Legen Sie 1 Teelöffel Lavendelblüten oder fünf Blütenstängel mindestens eine Woche in Pflanzenöl ein.

Réalisation.
Ziegenfrischkäse, Sahne, Milch, Eigelbe und einen kleinen Schuss Lavendelöl gut vermischen und mit Salz und Pfeffer abschmecken. In Auflaufschälchen oder Espressotassen füllen. Im Wasserbad im Ofen bei 150 °C etwa 20 Minuten stocken lassen. Die Creme ist fertig, wenn sich beim Anstoßen in der Mitte ein kleiner, noch weicher Kreis zeigt (Kerntemperatur ca. 72 °C). Vollständig auskühlen lassen und kalt stellen.

Présentation.
Die Creme mit braunem Zucker bestreuen. 5 Minuten stehen lassen, dann den Zucker mit dem Bunsenbrenner karamellisieren. Restliche Lavendelblüten auf den noch warmen Zucker streuen.

Rezept Seite 170

Rezept Seite 173

Rezept Seite 174

CONFITURE VIEUX GARÇON ET SON ROQUEFORT

CONFIERTE GEWÜRZKIRSCHEN MIT ROQUEFORT

*„Ich gebe zu: Diese Konfitüre ist kein Brotaufstrich,
es sei denn, Sie möchten den Tag in einer bestimmten euphorischen Stimmung beginnen.
Am Ende einer Mahlzeit aber ist sie so ein Mittelding
zwischen Dessert und Digestif."*

Marché

6 Teelöffel Zucker
(Passen Sie die Zuckermenge der Süße der Kirschen an.)
500 ml Rotwein
1 Teelöffel gehackter Rosmarin
1 kg frische Kirschen
(mit Steinen)

4 Blatt Gelatine
100 ml Wodka
100 ml Kirschlikör
1 Prise Zimt
1 getrocknete Chilischote
1 Vanillestange

Réalisation.
Zucker mit etwas Wasser karamellisieren und dann mit Rotwein ablöschen. Leicht einkochen lassen. Rosmarin und Kirschen hinzugeben und knapp bis an den Siedepunkt erhitzen. Vom Herd ziehen, die eingeweichte Gelatine, Wodka und Kirschlikör unterrühren. Abschließend Zimt und Chili hinzufügen und die aufgeschnittene Vanillestange einlegen. In Gläser füllen und fest verschließen.

Présentation.
Die Konfitüre mit einer dicken Scheibe Roquefort servieren.

PS: Das Rezept funktioniert auch mit tiefgefrorenen Kirschen, aber nicht mit Kirschen aus dem Glas.

CHOCOLATS ET LEUR SOUPE DE PÊCHES

ZWEI SCHOKOLADEN-GANACHES MIT KLEINEM PFIRSICHSÜPPCHEN

„Streng genommen ist eine Ganache eine gewöhnliche Pralinenfüllung, aber ohne Schokoladenhülle ist sie eine ungewöhnliche Mousse au Chocolat."

Marché

Ganaches:

170 g weiße Schokolade
500 ml Sahne
60 g Vollmilchschokolade
125 g dunkle Schokolade
(70 % Kakaoanteil)
3 Blatt Gelatine
1 Teelöffel Zucker
1 Spritzer Cointreau
4 Löffelbiskuits

Pfirsichsüppchen:

3 eingelegte Pfirsiche
(ohne Haut und Steine, mit 50 ml Sirup, siehe Seite 204)
100 ml Pfirsichmarmelade
100 ml Naturjoghurt
2 Blätter Minze
(frisch und klein gehackt)
2 Teelöffel Zucker

Mise en place.

Schokoladenganaches: Weiße Schokolade zerkleinern und mit 250 ml Sahne in eine Schüssel geben. Vollmilchschokolade und dunkle Schokolade zerkleinern und mit der restlichen Sahne in eine zweite Schüssel füllen.

Réalisation.

Schokoladenganaches: Beide Massen im Wasserbad schmelzen. Ein Blatt und zwei Blätter Gelatine getrennt voneinander in Wasser einweichen. Ein Blatt Gelatine und den Zucker in die dunkle Schokoladenmasse einrühren. Zwei Blatt Gelatine in die weiße Schokoladenmasse einrühren, mit Cointreau abschmecken. Beide Schokoladenganaches getrennt voneinander in Espressotassen oder kleine Weckgläser füllen. Im Kühlschrank fest werden lassen.

Pfirsichsüppchen: Alle Zutaten im Mixer zu einer Suppe verarbeiten, kalt stellen. Süppchen in kleine Likörgläser füllen.

Présentation.

Die Schokoladenganaches im Grill kurz überglänzen. Mit je einem Löffelbiskuit servieren.

CROQUE-MONSIEUR

„BEISSEN SIE REIN, MEIN HERR“

„Ein Croque-Monsieur ist ein Croque-Monsieur ist ein Croque-Monsieur,
sollte man meinen. Dennoch ist es erstaunlich,
was in der ganzen Welt unter diesem Namen so alles angerichtet wird.
Hier das Originalrezept, für das man nicht einmal einen Sandwich-Maker braucht.“

Marché

8 Scheiben hochwertiges Toastbrot
salzige Butter
4 Esslöffel Crème fraîche
1 Teelöffel körniger Senf
1 Schuss weißer Balsamico-Essig
6 Esslöffel geriebener französischer Emmentaler
Salz
Pfeffer
4 Scheiben hochwertiger gekochter Schinken

Mise en place.

Toastbrotscheiben von beiden Seiten dünn mit der salzigen Butter einstreichen. Crème fraîche, Senf und Balsamico-Essig mit 4 Esslöffeln Käse vermischen, mit Salz und Pfeffer abschmecken.

Réalisation.

Schinken auf vier Brotscheiben verteilen, je ein Viertel der Käsemischung in der Mitte daraufsetzen. Mit den restlichen Brotscheiben belegen und je einen halben Esslöffel geriebenen Käse aufstreuen. Die Sandwiches im vorgeheizten Ofen unterm Grill 5–10 Minuten goldbraun backen. Ein Stück Alufolie auf den Boden des Ofens legen, es tropft. Sollte ein Sandwich-Maker zur Hand sein, den geriebenen Käse außen weglassen.

Présentation.

Die warmen Sandwiches jeweils in zwei Dreiecke schneiden und mit einem grünen Salat servieren. Wer einen Croque-Madame machen möchte, gibt noch ein Spiegelei darauf. Voilà, c’est tout.

CROTTIN DE CHAVIGNOL PROVENÇAL

MARINIERTER ZIEGENKÄSE

*„Zugegeben, das ist eigentlich kein Rezept.
Mehr etwas, um Ihre Fantasie für eigene Kreationen zu beflügeln …“*

Marché

100 g kernlose dunkle Trauben
2 Knoblauchzehen
8 rote Kirschtomaten
½ rote Paprika
50 g Pinienkerne
50 g kleine grüne Oliven
1 kleine getrocknete Chilischote
4 frische Zweige Rosmarin
4 „Crottin de Chavignol“
(kleine gereifte Ziegenkäse)
Fleur de Sel
Olivenöl
Pflanzenöl

Mise en place.

Trauben, geschälte Knoblauchzehen und Kirschtomaten halbieren, Paprika klein schneiden. Pinienkerne ohne Fett anrösten.

Réalisation.

Alle Zutaten gut mischen und mit dem Käse in ein Glas geben. Etwa einen halben Teelöffel Salz hinzufügen und mit Olivenöl und Pflanzenöl zu gleichen Teilen bedecken. Verschließen und eine Woche durchziehen lassen.

Présentation.

Den Käse und seine Aromaten mit einem kleinen grünen Salat als Vorspeise servieren. Sie können daraus auch ein Gratin herstellen: Alle Zutaten in einer feuerfesten Form 5–10 Minuten übergrillen.

Rezept Seite 176

GASPACHO TOMATES – PASTÈQUE

MELONEN-TOMATEN-GASPACHO MIT ERDBEER-TOMATEN-EISWÜRFELN

*„Eine leuchtend rote Gaspacho,
inspiriert von den kräftigen Farben Picassos und seinen Werken an der Côte d'Azur.
Ein heißer Sommerabend, eine eiskalte, tiefrote Suppe,
ein romantischer Auftakt für ein dîner à deux …"*

Marché

8 reife Tomaten
500 g Erdbeeren
Salz
Piment
¼ Wassermelone
1 Gurke
1 rote Paprika
2 Blatt Gelatine
300 ml Hühnerfond
3 Esslöffel Olivenöl
weißer Balsamico-Essig
Rucola

Mise en place.

Alle Tomaten blanchieren und häuten. Erdbeeren waschen und mit zwei Tomaten pürieren. Masse durch ein mittelfeines Lochsieb passieren, mit einer Prise Salz und Piment würzen und in einem Eiswürfelbehälter einfrieren. Geschälte und grob von Kernen befreite Melone, geschälte Gurke und geputzte Paprika in nicht zu kleine Stücke schneiden.

Réalisation.

Sollten Sie einen Entsafter zur Verfügung haben, entsaften Sie die Melone. Lösen Sie die eingeweichte Gelatine in etwas erwärmtem Hühnerfond auf. Das Gemüse und die restlichen Tomaten in einen Mixer geben, pürieren und langsam restlichen Hühnerfond dazulaufen lassen. Melonenstücke (oder Melonensaft) und Olivenöl dazugeben. Gut mixen und durch ein mittelfeines Lochsieb passieren. Hühnerfond mit Gelatine dazugeben und Suppe mit Salz, etwas weißem Balsamico-Essig und Piment abschmecken. Gut durchkühlen lassen.

Présentation.

Diese tiefrote Suppe macht sich am besten in einem weißen Teller oder einem Glas. Vor dem Servieren noch einmal sehr gut durchrühren, zwei Erdbeer-Tomaten-Eiswürfel hineingeben und mit etwas geschnittenem Rucola dekorieren. Dazu passen geröstete Baguettescheiben, die mit Knoblauch abgerieben wurden.

ÉCLADE

MUSCHELN IN BRENNENDEN PINIENNADELN

*„Diese Muscheln schmecken anders als alle Muscheln,
die Sie jemals gegessen haben. Ganz abgesehen davon beeindrucken Sie mit diesem Rezept
jeden noch so hartgesottenen Grillexperten.
Achten Sie aber unbedingt auf einen feuerfesten Untergrund.“*

Marché
2 kg sehr frische Miesmuscheln
2 kg sehr trockene Piniennadeln

Mise en place.
Muscheln in einer großen Pfanne mit hohem Rand vertikal dicht an dicht aufstellen. Das Gelenk muss nach oben zeigen, sonst fällt zu viel Asche in die sich öffnenden Muscheln. Die Pfanne großzügig mit Piniennadeln bedecken. Bei Muscheln gilt: vor der Zubereitung die geöffneten Exemplare wegwerfen, nach der Zubereitung die noch geschlossenen.

Réalisation.
Piniennadeln anzünden und komplett runterbrennen lassen. Die Pfanne kurz und kräftig durchrütteln und ca. 5 Minuten auf den Grill oder in den vorgeheizten Ofen stellen.

Présentation.
Wenn sich alle Muscheln geöffnet haben, dann mit möglichst wenig Asche aus der Pfanne heben und sofort servieren.

Rezept Seite 182

DORADE AU FOUR ET SON FENOUIL CONFIT

GANZE DORADE MIT CONFIERTEM PASTIS-FENCHEL

„Schon Picasso fand den Anblick einer ganzen Dorade so schön, dass er sie auf zahlreichen seiner Keramiken verewigt hat. Dieses Rezept mit einem guten Schuss Anisschnaps versetzt Sie garantiert in eine mediterrane Gemütslage. Und während man wartet und der Fisch im Ofen brutzelt, könnte man ja schon mal den einen oder anderen Pastis ...“

Marché

4 Knollen Fenchel
Salz
Zucker
Pfeffer
Olivenöl
Weißwein
Pastis

4 ganze Doraden
(ausgenommen und geschuppt)
4 Knoblauchzehen
4 Zweige Rosmarin
4 Zitronen
Kräuter der Provence

Mise en place.

Die Fenchelknollen waschen, die äußeren Blätter entfernen und danach längs halbieren. Aus Alufolie 4 kleine Taschen formen und je zwei halbe Fenchel hineinsetzen. Mit Salz, Zucker und Pfeffer würzen, jeweils einen Schuss Olivenöl, Weißwein und Pastis hinzugeben. Die Alufolie fest verschließen und die Fencheltaschen 20 Minuten bei 160 °C (Umluft) in den Ofen geben.

Doraden waschen und gut abtrocknen, Haut auf beiden Seiten an zwei Stellen leicht einritzen. Innen und außen salzen und pfeffern, mit einer ungeschälten Knoblauchzehe, einem Rosmarinzweig und einem Zitronenviertel füllen. Mit einem Zahnstocher den Bauch verschließen. Restliche drei Zitronen mit der Aufschnittmaschine dünn aufschneiden und die Scheiben auf einem Backblech verteilen. Mit Salz und Zucker bestreuen und je einen guten Schuss Weißwein und Olivenöl angießen. Doraden auf die Zitronenscheiben setzen, mit Olivenöl und Kräutern der Provence würzen.

Réalisation.

Fenchel aus dem Ofen nehmen und in jede Ecke des Backblechs mit dem Fisch ein Paket setzen. Den Ofen auf 180 °C hochstellen und den Fisch etwa 20 Minuten garen. Eventuell zwischendurch etwas Weißwein nachgießen. Die Kerntemperatur am Rücken sollte ca. 55 °C betragen und die Rückenflosse soll sich leicht ablösen lassen.

Présentation.

Den Fisch auf einen Teller legen und etwas Butter daraufgeben (Kopf je nach Gemütslage der Gäste entfernen oder dranlassen). Ein paar von den weichen Zitronen vom Backblech rundherum anrichten und mit etwas Sud vom Blech überziehen. Die Fencheltaschen auf einen Extrateller geben und erst am Tisch öffnen.

CARRÉ DE PORC IBERICO ET SA MOUSSELINE ROUGE

GEGRILLTES KOTELETT VOM IBERICO-SCHWEIN AUF FEINEM ROTEM KARTOFFELPÜREE

„Picasso mag vielleicht kein großer Esser gewesen sein,
aber dieses kräftige Stück Fleisch aus seiner Heimat
hätte ihm sicher gut gefallen. Und auch wegen der sinnlichen Farbe des
Kartoffelpürees hätte er bestimmt nicht widerstehen können ...“

Marché

4 Iberico-Schweinekoteletts oder ein kleines Karree

1 kg Kartoffeln
(halbfest kochend)
2 Rote Bete
(vorgegart)
200 ml Sahne
1 Teelöffel getrocknete Anissamen
1 Teelöffel Olivenöl
50 g Butter
50 ml Portwein
Salz
weißer Pfeffer
Zitronensaft

Mise en place.
Die Stielknochen der Koteletts von Sehnen und Fett befreien (das Karree wird in gleichmäßig große Koteletts geschnitten). Kartoffeln schälen, weich kochen und gut ausdampfen lassen. Die Roten Bete mit der Hälfte der Sahne pürieren. Anissamen kurz in Olivenöl anrösten.

Réalisation.
Koteletts am besten in einer Grillpfanne kräftig anbraten und zunächst beiseitestellen. Kartoffeln durch eine Kartoffelpresse geben. Butter in einem Topf zerlassen, restliche Sahne, Rote-Bete-Gemisch und Portwein dazugeben. Kurz aufkochen lassen – Vorsicht, es spritzt! Dann langsam die Kartoffelmasse unterheben. Wenn Sie ein besonders feines Püree herstellen wollen, streichen Sie die Mischung jetzt durch ein mittelfeines Sieb. Soll es ein bisschen schneller gehen, nehmen Sie einen Pürierstab und arbeiten Sie kurz und behutsam direkt im Topf. Zu starkes Pürieren führt dazu, dass zu viel Stärke austritt und das Püree leimig wird.

Koteletts salzen, pfeffern und für 10–15 Minuten bei 180 °C im Ofen (Umluft) fertig garen. Die Kerntemperatur sollte etwa 62 °C betragen und das Fleisch sollte noch etwas rosa sein. Das Püree mit Salz, Pfeffer, Zitronensaft und Anissamen würzen und je nach Geschmack mit etwas zusätzlicher Sahne auf die gewünschte Konsistenz bringen.

Présentation.
Eine gute Portion Kartoffelpüree in die Mitte des Tellers geben, ein Kotelett darin aufstellen und mit etwas Olivenöl überglänzen.

CRÈME BRÛLÉE À LA LAVANDE

GEBRANNTE VANILLECREME MIT LAVENDEL

*„Ich finde, Crème brûlée als Dessert wird überschätzt. Aber wehe, ich nehme sie von der Speisekarte!
Der Grund für die Beliebtheit dieses ‚Puddings' ist,
glaube ich, dass sich zu Hause einfach niemand so recht herantraut.
Dabei ist es eigentlich ganz einfach: nicht schüchtern sein bei der Temperatur,
aber vorsichtig mit dem Brenner.
Ich bevorzuge einen aus dem Baumarkt – vielleicht im Freien etwas üben."*

Marché

1 Vanilleschote
100 ml Milch
½ Päckchen Vanillezucker
350 ml Sahne
4 Eigelb
75 g Zucker
Lavendelöl
(siehe Seite 171)
2 Teelöffel brauner Zucker
ein paar Lavendelblüten

Mise en place.
Vanilleschote aufschlitzen, das Mark in die Milch drücken, gut vermischen. Milch mit Vanilleschote und Vanillezucker aufkochen und danach vollständig abkühlen lassen. Vanilleschote entfernen und Sahne hinzugeben.

Réalisation.
Eigelbe, Zucker und einen guten Schuss Lavendelöl schaumig weiß aufschlagen. Langsam und auf niedriger Stufe den Sahne-Milch-Mix dazulaufen lassen. Es sollte nicht zu viel Schaum entstehen. Wenn genügend Zeit ist, die Mischung über Nacht kalt stellen, damit sich der Schaum absetzt. In jedem Fall kurz ruhen lassen und den Schaum oben abschöpfen. Die Mixtur in feuerfeste Förmchen (ca. 150 ml) füllen und im Wasserbad bei 160 °C (keine Umluft) stocken lassen. Die Creme ist fertig, wenn sich beim Anstoßen in der Mitte noch ein kleiner weicher Kreis zeigt (Kerntemperatur ca. 72 °C). Vollständig auskühlen lassen und kalt stellen.

Présentation.
Die Creme aus dem Kühlschrank nehmen, denn Crème brûlée serviert man kalt. Mit braunem Zucker bestreuen, 5 Minuten stehen lassen und dann den Zucker mit dem Bunsenbrenner karamellisieren. Dabei unbedingt auf einen feuerfesten Untergrund achten! Einige Lavendelblüten auf den noch warmen Zucker streuen.

Rezept Seite 184

Rezept Seite 183

Rezept Seite 182

Rezept Seite 179

MOUTARDES DE LA BRASSERIE LA PROVENCE

KRÄUTERSENF, CASSISSENF, ORANGENSENF

*„Senf macht dumm, versuchte man mir als Kind weiszumachen.
Aber was wäre mir entgangen, wenn ich mich danach gerichtet hätte!
Und spätestens seitdem wir unseren Senf im Restaurant selbst herstellen, habe ich ein ganz neues
Geschmacksuniversum entdeckt. Lassen Sie Ihren Senf ein paar Tage ruhen und reifen,
dann können Sie ihn zu fast allem dazugeben."*

Marché

Basis:

1 Teelöffel Senfpulver
30 g Honig
40 g Zucker
200 g Dijon-Senf
½ Teelöffel Salz
10 ml heller Balsamico-Essig
200 ml Pflanzenöl
1 Teelöffel Kaltsaftbinder oder Sofortgelatine

Kräutersenf:

je 1 Esslöffel gehackte Kräuter *(glatte Petersilie, Kerbel, Estragon, Schnittlauch Sauerampfer, Kresse)*

Cassissenf:

150 g Cassis-Marmelade
1 Schuss Crème de Cassis

Orangensenf:

200 ml Orangensaft *(auf 2 Teelöffel eingekocht)*
3 Löffel Orangenmarmelade

Réalisation.

Senfpulver mit ein bisschen Wasser glatt rühren. Kaltsaftbinder oder Sofortgelatine einrühren. Mit Honig, Zucker, Dijon-Senf, Salz und Balsamico-Essig in ein hohes Gefäß füllen. Mit dem elektrischen Schneebesen schlagen und das Pflanzenöl wie bei einer Mayonnaise langsam dazulaufen lassen. Für die gewünschte Geschmacksrichtung die jeweiligen Zutaten einarbeiten und in Gläser füllen.

Présentation.

Wir servieren diese Senfsorten gern zu Hart- und Weichkäse, denn es wäre zu schade, sie immer nur mit Würstchen oder Fleisch zu kombinieren. Sie bieten außerdem eine wunderbare Basis für fantasievolle Salatsaucen.

SCAMPI AU FOUR „À LA BORIS"

SCAMPI-PFANNE AUS DEM OFEN

„Es kommt nicht oft vor, dass mein Partner in der Küche das (Rezept-)Heft des Handelns übernimmt. Das folgende Gericht ist nicht nur komplett seine Kreation, sondern auch eines, das Sie in jeder Lebenslage sofort in Urlaubsstimmung versetzen wird. Es geht schon los mit der Jagd auf ungekochte, nicht aufgetaute Scampi – GROSSE MIT KOPF! (Darauf legt er besonderen Wert.) Und lassen Sie sich bloß nicht den süßlichen Saft der mitgebackenen Zitrone entgehen! Zugegeben: Die habe ich in dieses Rezept geschmuggelt. Ganz Purist, akzeptiert Boris sie lediglich als Farbtupfer."

Marché

etwa 20 große, frische Scampi *(mit Kopf und Schale)*
3 Knoblauchzehen
1 Lorbeerblatt
½ Zitrone
Zucker
Salz
Pfeffer
1 Esslöffel getrockneter Estragon
1 Teelöffel Kräuter der Provence
50 ml Olivenöl

Mise en place.

Scampi waschen und abtrocknen. Schale am Rücken vorsichtig mit einer Schere einschneiden und den Darm entfernen. Knoblauchzehen schälen und in feine Scheiben schneiden. Lorbeerblatt als „Segel" in die eingeritzte Zitrone stecken und etwas Zucker auf die Ritze streuen.

Réalisation.

Scampi in einer Tarteform oder Pfanne (ca. 40 cm) um die in der Mitte liegende Zitrone schichten. Salzen, pfeffern und mit Estragon, Kräutern und Knoblauch bestreuen. Mit Olivenöl beträufeln. Bei 180 °C (Umluft) etwa 15 Minuten backen. Die Scampi sollten in der Mitte noch leicht glasig sein.

Présentation.

Scampi leicht abkühlen lassen und mit Salat und Mayonnaise servieren. Legen Sie am besten noch vier Küchenhandtücher dazu, denn den größten Spaß macht es, mit den Fingern zu essen.

Rezept Seite 192

Rezept Seite 189

Rezept Seite 187

ROUGETS SAUTÉS À LA MOUTARDE

GEBRATENE ROTBARBENFILETS MIT SENF-MOHN-KRUSTE UND GESCHMOLZENEN PASTIS-TOMATEN AUF SALAT

„Der Rouget ist der Fisch der Côte d'Azur.
Ungern erinnere ich mich an den Versuch, ihn bei mir zu Hause im Ganzen zu grillen.
Es war eine Grätenorgie. Dieses Rezept ist nicht nur ungleich eleganter,
sondern auch der absolute Renner in unserer Brasserie.
Ich würde es niemals wagen, Rotbarbenfilets von der Karte zu nehmen."

Marché

12 Rotbarbenfilets
1 Teelöffel grober Senf
2 Teelöffel Dijon-Senf
1 Teelöffel getrockneter Blaumohn
2 Teelöffel Paniermehl
Butterschmalz
Salz
Pflanzenöl
12 Cocktailtomaten
½ Teelöffel Zucker
1 Schuss Pastis
Kräutervinaigrette „Brasserie La Provence"
(Seite 225)
Salat

Mise en place.
Rotbarben waschen und gut trocken tupfen. Beide Senfsorten vermischen. Mohn und Paniermehl vermischen. Tomaten waschen und gut abtrocknen.

Réalisation.
Rotbarben mit der Senfmischung einstreichen und die Hautseite mit der Mohnmischung panieren. In einer heißen Pfanne mit Butterschmalz auf der panierten Seite goldgelb backen, wenden und in der heißen Pfanne neben dem Herd gar ziehen lassen. Salzen.

Für die Tomaten Öl in einer Pfanne erhitzen und die Tomaten hineingeben – Vorsicht, es spritzt! Mit Zucker und Salz würzen und 2 Minuten unter mehrmaligem Wenden braten. Vom Herd ziehen und mit einem Spritzer Pastis abrunden – Vorsicht, kann sich entzünden!

Présentation.
Rotbarben auf mariniertem Salat anrichten und die lauwarmen Tomaten dazugeben.

BOURRIDE DU PÊCHEUR

PROVENZALISCHE BOURRIDE MIT ROSMARINCROÛTONS, KÄSE UND ROUILLE

„Ein Rezept von Nicolas, das er 20 Jahre gekocht, aber nie probiert hat – wegen seiner Fischallergie. Trotzdem hat es immer gleich lecker geschmeckt. Es gibt bei dieser Suppe zwei entscheidende Momente. Erstens der Augenblick, in dem sich die Flüssigkeit wie durch ein Wunder von einem wässrigen Fischfond in eine duftende Suppe verwandelt. Und zweitens jener, in dem Sie sich besser entscheiden sollten, mit dem Essen aufzuhören. Denn diese Suppe macht süchtig ...“

Marché

Bourride:

2 kg Weiß- bzw. Felsenfisch *(im Ganzen)*
2 Bund Suppengrün
1 Fenchel
1 Gemüsezwiebel
3 Knoblauchzehen
3 Champignons
1 Bouquet garni *(Seite 142)*
2 Chilischoten
2 Tomaten
Olivenöl
250 ml Weißwein
500 g Kartoffeln
Salz
1 Seeteufelfilet *(ca. 500 g)*
1 Steinbeißerfilet *(ca. 500 g)*
4 Rotbarbenfilets
1 ganzes Kastenweißbrot
Kräuter der Provence
300 ml Sahne
4 Döschen Safranpulver
Pfeffer
50 ml Orangensaft
Pernod
50 ml Weißweinessig
4 Scampi *(Seite 229)*
250 g geriebener Emmentaler

Rouille:

100 g Mayonnaise
15 g Knoblauch, 90 g Joghurt
15 g Dijon-Senf
je ca. 2 g Salz und Zucker
2 Döschen Safranpulver
Cayennepfeffer
einige Tropfen Essig

Mise en place.

Bourride: Fische mit Kopf in 3–4 cm große Stücke schneiden und kurz abspülen. Gemüse, Knoblauch und Pilze putzen, in grobe Würfel schneiden. Mit dem Bouquet garni, Chili und einer klein geschnittenen Tomate in etwas Olivenöl anschwitzen und 10 Minuten köcheln lassen. Fischstücke (außer Filets) dazugeben und 10 Minuten leicht köcheln lassen. Mit Weißwein und 2 Liter kaltem Wasser auffüllen und weitere 15 Minuten auf kleiner Flamme kochen. Mit einem Pürierstab in den Topf gehen und vorsichtig zwei- bis dreimal jeweils 2 Sekunden pürieren. Alles durch ein mittelfeines Sieb geben. Fischsud auffangen, den Rest wegwerfen. Flüssigkeit auf 750 ml einkochen. Geschälte Kartoffeln würfeln und in Salzwasser bissfest garen. Zweite Tomate blanchieren, häuten und das Fruchtfleisch in Würfel schneiden. Seeteufel, Steinbeißer und Rotbarben auf vier Portionen aufteilen.

Croûtons: Weißbrot würfeln, etwas salzen, mit Kräutern der Provence bestreuen und im Ofen goldbraun backen.

Rouille: Alle Zutaten und 30 g von den gekochten Kartoffeln in eine Küchenmaschine geben (Messereinsatz) und alles zu einer Creme verarbeiten.

Réalisation.

Fischfond erhitzen, Sahne und Safran dazugeben, mit Salz und Pfeffer abschmecken, mit Orangensaft und etwas Pernod abrunden. Restliche Kartoffelwürfel und Tomatenwürfel einlegen und eventuell etwas nachsalzen. Auf kleiner Flamme warm halten. Für die Fischeinlage etwas Salzwasser mit einem Schuss Essig erhitzen. Als Erstes den Seeteufel einlegen, 5 Minuten köcheln lassen. Dann den Steinbeißer dazugeben, weitere 4 Minuten garen. Am Schluss Rotbarben 2 Minuten mit gar ziehen lassen. Scampi zubereiten.

Présentation.

In große, tiefe Teller etwas Suppe füllen und die Fischfilets darauf verteilen. Mit Croûtons, Rouille und geriebenem Käse servieren. Die restliche Suppe in einer großen Schale extra servieren. Wer mag, verteilt erst alles im Teller und begießt es dann mit etwas heißer Suppe.

Rezept Seite 190

CARRÉ D'AGNEAU AUX ÉPINARDS

KLEINES LAMMKARREE GEFÜLLT MIT RICOTTA UND JUNGEM SPINAT, MIT FRÜHLINGSGEMÜSEN IN LAMMFOND

„Der aromatische Duft von Thymian und Rosmarin erinnert Sie vielleicht an glückliche Stunden in der Provence. Mit dem Rezept gelingt es, diese Stimmung für einen Abend einzufangen. Schließen Sie die Augen, halten Sie die Kräuter direkt an die Nase und atmen Sie tief ein. Lassen Sie sich von den Bildern und Gefühlen, die entstehen, zurücktragen zu diesem wunderbaren Landstrich. Die Brasserie La Provence haben wir einst mit einem Schlachtruf von Jacques Brel eröffnet: ‚Lass uns abhauen!'"

Marché

4 kleine Lammkarrees
(mit je 4–5 Knochen)
Pflanzenöl
100 g junge Spinatsprossen
½ Zwiebel
2 Knoblauchzehen
250 g Ricotta
3 Eigelb
100 g Paniermehl
Salz
Pfeffer
2 große Karotten
2 Stangen Staudensellerie
1 Kohlrabi
2 Tomaten
1 Liter Lammfond
4 Zweige Thymian
2 Zweige Rosmarin
3 Esslöffel Olivenöl
4 Esslöffel feine grüne Erbsen
100 g Kaiserschoten

Mise en place.
Bei den Lammkarrees die Stielknochen von Sehnen und Fett befreien, Fleisch leicht parieren und von allen Seiten in Pflanzenöl kräftig anbraten. Beiseitestellen. Spinat waschen und gut trocken schleudern. Für die Füllung Zwiebeln klein schneiden, in Pflanzenöl anschwitzen, Spinat zugeben und zusammenfallenlassen. Knoblauch hineinpressen, kurz durchrühren und abkühlen lassen. Diese Mischung in einer Küchenmaschine (Messereinsatz) pürieren. Mit Ricotta und Eigelben aufschlagen und am Schluss mit dem Paniermehl binden. Mit Salz und Pfeffer abschmecken.

Karotten, Sellerie und Kohlrabi putzen und in löffelgerechte Stücke schneiden. Tomaten blanchieren, häuten und das Fruchtfleisch in Würfel schneiden.

Direkt am Lammknochen das Fleisch lösen und in die so entstehende Tasche das Ricotta-Spinat-Gemisch streichen. Mit einem Zahnstocher verschließen.

Réalisation.
Lammkarree etwa 15 Minuten bei 180 °C (Umluft) im heißen Ofen garen. Den Lammfond erhitzen, Thymian und Rosmarin darin 5 Minuten ziehen lassen. Kräuter entfernen, Olivenöl dazugeben, nach und nach das vorbereitete Gemüse sowie die Erbsen und Kaiserschoten darin bissfest garen. Wenn Sie das in der Reihenfolge der Zutatenliste im Abstand von 2 Minuten tun, sollten alle Gemüse den optimalen Gargrad haben. Am Schluss die Tomatenwürfel hineingeben und alles mit Salz und Pfeffer abschmecken.

Présentation.
Den heißen Lammfond mit Gemüse in einen tiefen Teller geben und das Lammkarree daraufsetzen.

TARTE TATIN DE PÊCHES DE VIGNE

„KOPFÜBER" GEBACKENE TARTE MIT WEINBERGPFIRSICHEN

„Der Legende nach ist den Schwestern Tatin eine ungebackene Apfeltarte aus den Händen geglitten. Um den Schaden vor den geladenen Gästen zu kaschieren, haben sie schnell die Tarte mit den Äpfeln nach unten wieder in die Form geschichtet, ausgebacken, danach gestürzt – et voilà: Eine schöne Geschichte war geboren. Und ein Kuchen, der aus der Welt nicht mehr wegzudenken ist. So etwas können eben nur die Franzosen!"

Marché

12 flache Pfirsiche
3 Esslöffel Zucker
etwas Apfelsaft
4 Teelöffel Butter
4 Scheiben Blätterteig
1 Eigelb
4 Esslöffel Crème fraîche

Mise en place.

Pfirsiche waschen und ungehäutet halbieren. Die Steine vorsichtig lösen.

Réalisation.

Den Zucker mit etwas Wasser in einer Pfanne karamellisieren. Mit Apfelsaft ablöschen und 2 Esslöffel Butter unterrühren – Vorsicht, das alles ist extrem heiß! Bitte nicht naschen.

Für eine Tarte Tatin gibt es spezielle Formen, die einer Pfanne nachempfunden sind. Das erleichtert das anschließende Stürzen. Ich denke aber, mit einer herkömmlichen, 32 cm großen Tarteform – Schwarzblech sollte es jedoch immer sein – erzielt man ebenfalls gute Ergebnisse.

Tarteform erst mit Alufolie auskleiden, dann mit Backpapier. Den flüssigen Karamell darauf verteilen und die halben Pfirsiche mit der Schnittfläche nach unten dicht nebeneinandersetzen. Teigplatten mit der restlichen Butter einstreichen, übereinanderlegen und auf den Umfang der Tarteform ausrollen. Über den Früchten verteilen. Mit einer Gabel ein paar Mal einstechen und mit Eigelb einstreichen.

Bei 200 °C Ober- und Unterhitze zunächst 15 Minuten backen. Danach Umluft zuschalten, Hitze auf 180 °C reduzieren und ca. 10 Minuten goldbraun fertig backen. Etwas ruhen lassen.

Présentation.

Den Teig an den Rändern leicht mit dem Messer lösen und am besten in eine Tarteform gleicher Größe stürzen. In Stücke schneiden und mit einer Nocke Crème fraîche servieren.

Rezept Seite 195

Rezept Seite 193

GRATIN DE FRUITS ROUGES

WALDBEEREN GRATINIERT IN FROMAGE BLANC

„Bei diesem typisch französischen Dessert stehen wir immer vor einem Problem: Wie nennen wir die Creme auf Deutsch? Quark klingt so puristisch deutsch, Topfen klingt zu verspielt wienerisch und bei Fromage blanc denkt jeder zunächst an Käse, dabei geht es doch um den wunderbar cremigen Quark aus Frankreich. Sie sehen schon, ein ideales Gericht, um es schweigend zu genießen ...“

Marché

100 ml Sahne
½ Vanilleschote
100 ml Quark
1 Teelöffel Vanillezucker
60 g Zucker
5 g Maisstärke

gemischte Waldbeeren
(Blaubeeren, Himbeeren, Johannisbeeren)
Puderzucker

Mise en place.
Aromatisieren Sie die Sahne einen Tag vorher, indem Sie das Mark der Vanilleschote auskratzen, es mit der Sahne verrühren und mit der eingesteckten Schote über Nacht kalt stellen.

Réalisation.
Vanilleschote entfernen und Sahne mit allen restlichen Zutaten außer den Früchten zu einer Sauce verrühren. Früchte putzen, aber nach Möglichkeit nicht waschen. In flache Gratinschalen geben und mit Sauce übergießen. Im Grill etwa 10 Minuten goldbraun gratinieren.

Présentation.
Das Gratin mit Puderzucker bestäuben und schön heiß servieren. Folgen Sie bei der Auswahl anderer Früchte Ihren persönlichen Vorlieben.

CRÈME BRÛLÉE DE FOIE DE CANARD

GEFLÄMMTE ENTENLEBERMOUSSE

*„Charakteristisch für die französische Küche ist es, Aromen zu verdichten.
Diese kleine, unscheinbare Creme ist ein gutes Beispiel dafür.
Ich werde manchmal im Restaurant gefragt, wie so wenig nach so viel schmecken kann.
Lüften wir den Vorhang also ein wenig.“*

Marché

250 g Entenleber
40 g Schalotten
125 ml Kalbsfond *(Seite 143)*
250 ml Portwein
40 g Butter
2 Zweige Thymian
200 ml Sahne
4 Eigelb
Salz
Pfeffer
Muskat
4 Teelöffel brauner Zucker

Mise en place.
Die Entenleber gründlich parieren und etwas klein schneiden. Schalotten putzen und würfeln. Den Kalbsfond mit Portwein vermischen und auf 160 ml einkochen. Leber in Butter mit Schalotten und den Thymianzweigen anbraten, dabei sollte die Leber leicht rosa bleiben. Thymianzweige entfernen, Leber abkühlen lassen. Mit Bratensatz und eingekochter Flüssigkeit vermischen und in der Küchenmaschine pürieren. Langsam den reduzierten Fond dazulaufen lassen, Sahne kurz aufkochen und unter die Masse mischen. Durch ein Sieb streichen und mit den Eigelben vermischen. Kräftig salzen und mit Pfeffer und Muskat abschmecken.

Réalisation.
Lebermasse in vier feuerfeste Förmchen füllen und im Ofen im Wasserbad bei 160 °C etwa 25 Minuten stocken lassen. Die Creme ist fertig, wenn sich beim Anstoßen in der Mitte ein kleiner, noch weicher Kreis zeigt (Kerntemperatur ca. 70 °C). Vollständig auskühlen lassen.

Présentation.
Die Mousse 15 Minuten vor dem Servieren auf Zimmertemperatur bringen. Braunen Zucker aufstreuen und nach 3 Minuten mit einem Bunsenbrenner zu einer Karamellkruste abflämmen. Sofort servieren.

CARPACCIO PROVENÇAL

CARPACCIO VON GERÄUCHERTER ENTENBRUST, APFEL, GURKE UND FENCHEL MIT ORANGENVINAIGRETTE

„Sommer in der Provence = Melone mit Schinken.
Jedenfalls auf unserer Terrasse.
Eine Abwandlung des Klassikers ist dieses Rezept."

Marché

Vinaigrette:

200 ml Orangensaft
50 ml weißer Balsamico-Essig
200 ml Pflanzenöl
Tabasco
2 Teelöffel Dijon-Senf
Zucker
Pastis

Carpaccio:

1 Apfel
1 geräucherte Entenbrust
1 Gurke
1 Fenchel
Rucola

Mise en place.

Orangensaft auf 3 Esslöffel einkochen. Mit Essig, Öl, einem Spritzer Tabasco und Senf zu einer dickflüssigen Vinaigrette aufschlagen. Mit Zucker und einem Schuss Pastis abrunden.

Réalisation.

Für das Carpaccio alle Zutaten mit der Aufschnittmaschine dünn aufschneiden und in der Reihenfolge wie in der Zutatenliste schichten. Mit Vinaigrette beträufeln und mit etwas Rucola dekorieren.

SOUPE DE MARRONS

MARONENSUPPE MIT GEGRILLTER BIRNE

*„Diese Suppe wärmt Magen und Seele
und ist eine perfekte Einstimmung auf die schönen Seiten des Herbstes.“*

Marché

80 g Knollensellerie
1 Zwiebel
80 g Karotten
1,25 kg vorgegarte Maronen
125 g Butter
80 ml Medium-Sherry
80 ml Portwein
1 Liter Geflügelfond
1 Lorbeerblatt
½ getrocknete Chilischote
100 ml Sahne
Salz
weißer Pfeffer
dunkler Balsamico-Essig
4 feste Birnen
Zitronensaft
brauner Zucker
Olivenöl
200 ml Milch

Mise en place.
Sellerie, Zwiebel und Karotten putzen und klein schneiden. Die Maronen von vier Päckchen grob zerkleinern. Restliche Maronen fein hacken und in einer Pfanne ohne Fett trocken rösten, bis sie knusprig sind.

Réalisation.
Butter kurz aufschäumen lassen. Gemüse und die zerkleinerten Maronen darin anschwitzen. Mit Sherry und Portwein ablöschen, Geflügelfond angießen, Lorbeerblatt und Chili hinzufügen und alles weich kochen. Pürieren und durch ein mittelgrobes Lochsieb passieren. Sahne zugeben und mit Salz, Pfeffer und Balsamico-Essig abschmecken.

Jede Birne ungeschält in sechs Spalten schneiden, Kerngehäuse entfernen, durch Zitronensaft ziehen und mit Zucker bestreuen. In einer Grillpfanne mit etwas Olivenöl kurz karamellisieren.

Présentation.
Suppe in tiefe Teller füllen. Angewärmte Milch zu Schaum aufschlagen und auf die Suppe geben. Die Birnenspalten auflegen und mit gerösteten Maronenstreuseln dekorieren.

TARTE À LA FOURME D'AMBERT

TARTE MIT BLAUSCHIMMELKÄSE, TRAUBEN, WALNÜSSEN UND RADICCHIO

„Jeder Blauschimmelkäse verliert an Geschmack und Charakter, wenn er zu stark erhitzt wird. Deshalb immer ganz am Schluss dazugeben!"

Marché

Blätterteig
(Seite 144; oder 300 g TK-Blätterteig)
2 Esslöffel Butter
200 g Crème fraîche
2 Eigelb
Muskat
Salz
Pfeffer
100 g Walnüsse
300 g kernlose Trauben
200 g Fourme d'Ambert oder Roquefort
½ Radicchio

Mise en place.

Wer den Blätterteig nicht selbst herstellen möchte, nimmt fertigen aus dem Tiefkühlfach. Der Teig bekommt zwei weitere Touren (Seite 144), das bedeutet: mit Butter einstreichen, viermal zusammenfalten und neu ausrollen. Blätterteig nicht zu warm werden lassen. Eine Tarteform (ca. 32 cm) mit Blätterteig auskleiden. Crème fraîche und Eigelbe vermischen, mit Muskat, Salz und Pfeffer würzen und auf dem Teig verteilen. Gehackte Walnüsse anrösten und mit den geputzten Trauben ebenfalls auf der Tarte verteilen.

Réalisation.

Tarte im Ofen bei 180 °C (Umluft) ca. 15 Minuten backen.

Présentation.

Den Käse auf die warme Tarte bröseln. Sollte diese schon zu kalt sein, noch einmal ganz kurz überbacken. Danach darauf den in feine Streifen geschnittenen Radicchio verteilen.

CÔTE DE BŒUF ET SON JUS „ROGER VERGÉ“

CÔTE DE BŒUF MIT ROTWEINJUS „ROGER VERGÉ“

„Mit diesem Gericht verbinden sich meine frühkindlichen Erinnerungen an Paris mit den ersten Geschmackserfahrungen in der Sterneküche. Und auch Roger Vergés Spiel mit den Aromen in seiner Moulin de Mougins war ein Erlebnis, das mich mein ganzes Leben begleiten wird.“

Marché

2 kg gereiftes Rinderkotelett
(Côte de Bœuf; vorbestellen)

Sauce:

2 Schalotten
1 Knoblauchzehe
1 Teelöffel gehackte Petersilie
½ Teelöffel gehackter Thymian
½ Teelöffel gehackter Rosmarin
200 ml Rotwein
Öl
Salz
150 g Butter
12 Sardellenfilets in Öl
½ Zitrone
½ Teelöffel Worcestersauce
Zucker

Mise en place.

Fleisch sorgfältig trocken tupfen und Raumtemperatur annehmen lassen. Schalotten und Knoblauch fein würfeln. Kräuter putzen und getrennt klein hacken. Rotwein auf die Hälfte reduzieren.

Réalisation.

Öl in der Pfanne sehr heiß werden lassen und das gesalzene Fleisch von beiden Seiten ca. 5 Minuten braten. Aus der Pfanne nehmen und auf einem Blech im Ofen bei 180 °C ca. 15 Minuten fertig garen (Kerntemperatur 56 °C). Bratöl aus der Pfanne gießen, 100 g Butter, abgetropfte Sardellen und Schalotten hineingeben und bei kleiner Hitze schmelzen. Saft der Zitrone, Rotwein, Thymian, Worcestersauce und Knoblauch zufügen. 3 Minuten köcheln, mit der restlichen eiskalten Butter abbinden und am Schluss Petersilie hinzugeben. Mit Salz und etwas Zucker abschmecken.

Présentation.

Fleisch aus dem Ofen nehmen, 5 Minuten ruhen lassen und gegen die Faser in Scheiben schneiden. Fleischsaft vom Blech in die Sauce rühren. Einmal durch die Sauce ziehen und damit anrichten. Dazu geröstete Kartoffeln, Salat und einen kräftigen Rotwein reichen. Die Sauce passt natürlich auch zu jedem anderen Steak.

Rezept Seite 200

Rezept Seite 197

Rezept Seite 199

Rezept Seite 196

MAGRET DE CANARD „BRASSERIE LA PROVENCE“

PROVENZALISCHE ENTENBRUST MIT GEMÜSEJULIENNE

„Klingt einfach, ist einfach, schmeckt aber überraschend vielschichtig. Außerdem eine weitere schöne Möglichkeit, die Schnitttechnik zu perfektionieren.“

Marché

2 große Karotten
1 kleiner Sellerie
2 Lauchstangen
1 kleine weiße Zwiebel
100 g Sojasprossen
Salz
Saft von ½ Zitrone
4 kleine Entenbrüste
2 Teelöffel Honig
2 Teelöffel Pflanzenöl
1 Teelöffel Senf
1 Prise Curry
125 g Butter
2 Teelöffel Kräuter der Provence
Weißwein
weißer Balsamico-Essig
Sojasauce

Mise en place.

Karotten, Sellerie und Lauch in feinste Streifen schneiden (Julienne), Zwiebel würfeln. Sojasprossen in etwas gesalzenem Zitronenwasser blanchieren. Entenbrüste trocken tupfen und die Fettseite kreuzweise einschneiden.

Réalisation.

Entenbrüste ohne Fettzugabe in sehr heißer Pfanne zuerst auf der Haut-, dann auf der anderen Seite anbraten. Vom Herd ziehen. Die Hälfte des Honigs, Pflanzenöl, Senf und Curry zu einer Marinade mixen. Entenbrüste damit einstreichen und im Ofen bei 180 °C (Umluft) etwa 12 Minuten zu Ende garen (Kerntemperatur ca. 56 °C).

Butter aufschäumen und leicht braun werden lassen. Nacheinander Kräuter der Provence, Zwiebeln, Karotten, Sellerie und Lauch hineingeben. Mit etwas Weißwein und weißem Balsamico-Essig ablöschen, Sojasprossen hinzugeben, mit Sojasauce und restlichem Honig abschmecken.

Présentation.

Gemüse auf die Mitte des Tellers geben, Entenbrust in Scheiben schneiden und auf das Gemüsebett setzen. Etwas Gemüsesud aus dem Topf dazugeben.

CONFITURE D'ORANGES AMÈRES

ORANGENMARMELADE

„Man muss sich das jetzt nicht so vorstellen, dass ich mit meinem Orangenmarmeladen-Toast morgens unterm Olivenbaum sitze, und das, obwohl unsere zwei Bitterorangen-Bäume gleich danebenstehen. Diese Konfitüre gibt aber vielen Saucen und Desserts in der Brasserie ihren unverwechselbaren Geschmack. Sie brauchen gar nicht viele dieser sehr aromatischen Orangen, und sie sind außer für Orangenwein (Seite 208) sonst zu nichts zu gebrauchen. Versuchen Sie bloß nicht, auch nur ein kleines Stück davon zu essen!"

Marché

6 kleine Bitterorangen *(Pomeranzen)*
2 Saftorangen
1 Zitrone
ca. 750 ml Orangensaft
750 g Gelierzucker *(1:2)*
1 Päckchen breiter Verbandsmull

Mise en place.
Alle Früchte gut waschen, von Stielen befreien und auspressen. Fruchtfleisch und Kerne auffangen. Den gepressten Saft mit dem fertigen Orangensaft auf 1 Liter auffüllen. Die Schalen in sehr feine Streifen schneiden oder in der Küchenmaschine zerkleinern – Letzteres geht natürlich schneller. Fruchtfleisch und Kerne in Säckchen aus Verbandsmull einbinden, mit Saft und Schalen in einem großen Kochtopf über Nacht ziehen lassen.

Réalisation.
Den Topf behutsam erhitzen und die Schalen weich kochen, dabei die Flüssigkeit etwa um ein Viertel reduzieren. Mullsäckchen ausdrücken und entfernen. Nach und nach Gelierzucker unterrühren und 5 Minuten sprudelnd kochen lassen. Gelierprobe auf einer angefrorenen Untertasse durchführen. Dann in Gläser abfüllen.

Présentation.
Als Beilage zu Käse, für Orangensaucen zu Geflügel, als Hauch Orange in der berühmten provenzalischen Daube (Seite 158) oder als Finesse in diversen Schokoladendesserts – und selbstverständlich auch zum Frühstück.

MOUSSE AU CHOCOLAT POUR LES ADOS

SCHOKOLADENMOUSSE FÜR ERWACHSENE

„Diese Mousse birgt außer der bekannten Sünde noch eine mehr.
Am besten einen Tag vorher zubereiten. Das steigert auch die Vorfreude."

Marché

Mousse:

190 g dunkle Schokolade
4 Esslöffel Zucker
½ Teelöffel Butter
2 Esslöffel Cognac
250 ml Sahne
2 Eigelb

Pfirsiche:

½ Zitrone
200 ml Weißwein
200 ml Apfelsaft
500 g Zucker
2 Esslöffel Eisenkrautblätter
oder
2 Aufgussbeutel Verveine-Tee
1 getrocknete Chilischote
4 reife Pfirsiche *(noch fest)*

Réalisation.

Mousse: Zerkleinerte Schokolade, 2 Esslöffel Zucker und die Butter im Wasserbad schmelzen lassen, Cognac hinzugeben. Mit 75 ml flüssiger Sahne glatt rühren. Eigelbe weiß aufschlagen und vorsichtig unter die etwas abgekühlte Schokoladenmischung heben. Restliche Sahne und restlichen Zucker halbsteif schlagen und ebenfalls unterheben. Gut durchkühlen.

Pfirsiche: 2 breite Streifen Zitronenschale abpellen und Saft auspressen. Weißwein, Apfelsaft, Zitronensaft, Zucker und 600 ml Wasser zu Sirup kochen. Eisenkraut, Chili, Zitronenschale und ganze Pfirsiche hinzugeben und bis kurz vor den Siedepunkt erhitzen. In ein verschließbares Glas füllen und mindestens einen Tag durchziehen lassen.

Présentation.

Haut vorsichtig von den Pfirsichen abziehen. Früchte halbieren und jeweils in die Mitte eine Nocke Schokoladenmousse setzen. Auf einem tiefen Teller mit etwas Sirup anrichten.

Rezept Seite 204

Rezept Seite 202

Rezept Seite 203

CONFIT DE RATATOUILLE

RATATOUILLE-KOMPOTT

„In den vergangenen Jahren ist in Deutschland ein Gerät aufgetaucht, das den schönen Namen ‚Alligator' trägt. Tatsächlich erinnert seine Form ein wenig an das Maul jenes Tieres, auch seine Funktion ist diesem nicht ganz unverwandt. Mit diesem kleinen Küchenhelfer schneiden Sie wie ein Küchenazubi im dritten Jahr gleichmäßig kleine Würfel. Eine lohnende Anschaffung, über die Sie am besten nicht viel sprechen. Lassen Sie sich von Ihren Freunden einfach für Ihre grandiose Messertechnik bewundern."

Marché

2 Auberginen
Salz
3 Zwiebeln
1 rote Paprika
1 gelbe Paprika
1 Fenchel
4 grüne Zucchini
4 Tomaten
1 Knoblauchzehe
100 ml Olivenöl
2 Teelöffel Kräuter der Provence
2 Chilischoten
150 g Gelierzucker *(2:1)*
100 ml weißer Balsamico-Essig

Mise en place.

Auberginen waschen, in kleine Würfel von einem halben Zentimeter Kantenlänge schneiden und mit 2 Teelöffeln Salz 1 Stunde durchziehen lassen. Auch das restliche Gemüse in gleich große Würfel schneiden. Tomaten blanchieren und häuten. Zwei Tomaten aushöhlen und das Fruchtfleisch mit den restlichen Tomaten pürieren. Ausgehöhlte Tomaten würfeln. Knoblauchzehe durch eine Presse geben.

Réalisation.

In einem großen Topf Olivenöl erhitzen, Zwiebeln und Knoblauch farblos anschwitzen. Auberginenwürfel mit der Hand ausdrücken und dazugeben. 5 Minuten köcheln lassen. Pürierte Tomaten, Kräuter der Provence, Chili und das restliche Gemüse außer den Zucchini dazugeben und so lange garen, bis der Fenchel weich ist. Zucchiniwürfel, Gelierzucker und Balsamico-Essig hinzufügen und 5 Minuten leicht sprudelnd kochen lassen. Vom Herd ziehen, die Tomatenwürfel unterrühren und mit Salz abschmecken. In saubere Marmeladengläser füllen und ein paar Tage durchziehen lassen.

Présentation.

Dieses kleine Kompott eignet sich für viele Gerichte. Einfach nur als Brotaufstrich, zum Käse oder zum Aromatisieren verschiedener Cremes (Seite 155). Luftdicht in Gläsern verschlossen hält es sich im Kühlschrank mehrere Wochen.

TARTE PISSALADIÈRE DU MIDI

PROVENZALISCHE TARTE MIT ZWIEBELN, ANCHOVIS UND OLIVEN

„Die Zutaten der Pissaladière sind in jeder provenzalischen Familie ein gut gehütetes Geheimnis.
Und natürlich sind alle der Meinung, dass nur sie den Schlüssel zur Tradition hüten.
Hier nun also ein persönlich-pikantes Geheimnis aus meiner Familie.
Und wie so viele Rezepte aus der Provence beginnt es mit: ‚Tu laisses tomber un oignon !'
Nein, bitte nicht fallen lassen, aber lesen Sie selbst."

Marché

2 Knoblauchzehen
3 Gemüsezwiebeln
Pflanzenöl
½ Teelöffel getrockneter Thymian
12 Sardellenfilets
½ Teelöffel Zucker
½ Teelöffel Balsamico-Essig
1 Tube Anchovispaste
½ Teelöffel grober Senf
Salz
Pfeffer
Hefeteig *(Seite 145)*
2 Esslöffel schwarze Oliven
Olivenöl

Mise en place.
Die Knoblauchzehen fein würfeln. Zwiebeln schälen, in grobe Würfel schneiden und in Pflanzenöl anschwitzen – sie sollten weich sein, aber keine Farbe annehmen. Knoblauch, Thymian und sechs Sardellenfilets dazugeben und so lange weiterschmoren, bis diese sich aufgelöst haben. Zucker, Essig, Anchovispaste und Senf einrühren und alles kurz durchköcheln lassen. Mit Salz und Pfeffer abschmecken und abkühlen lassen.

Réalisation.
Den ausgerollten Hefeteig in eine Tarteform (ca. 33 cm) betten und mit der Zwiebelmischung bestreichen. Die restlichen Sardellenfilets strahlenförmig auflegen, die Oliven gleichmäßig verteilen. Bei 180 °C (Umluft) etwa 20 Minuten goldbraun backen.

Présentation.
Die Tarte leicht abkühlen lassen und mit etwas Olivenöl beträufeln. Lauwarm mit Salat servieren.

VIN D'ORANGES

ORANGENWEIN

„Ein Rezept von unserem Nachbarn in Grasse. Der Orangenbaum steht bei uns im Garten. Ein perfektes Sinnbild für die deutsch-französische Freundschaft. Santé, Amand!"

Marché
6 unbehandelte Bitterorangen
(oder Pomeranzen)
2 unbehandelte Orangen
2 unbehandelte Zitronen
500 g Zucker
5 Liter Rosé
1 Liter Wodka
1 Vanilleschote

Mise en place.
Die Früchte gut waschen, trocken reiben und in feine Scheiben schneiden. In einem großen, gut verschließbaren Gefäß den Zucker in Rosé und Wodka auflösen, Fruchtscheiben hinzugeben. Die Vanilleschote aufschneiden, Mark herauskratzen, beides zur Flüssigkeit geben und das Gefäß verschließen. Drei Monate an einem kühlen Ort durchziehen lassen.

Réalisation.
Orangenwein noch einmal vorsichtig durchmischen und dann durch ein sehr feines Sieb oder ein Mulltuch filtern. In Flaschen abfüllen und verkorken. Bewundernswerterweise hat fast jeder Franzose irgendwann einmal diese besondere, landesübliche Technik erlernt, selbst Wein abzufüllen und zu verkorken. Sollten Ihre Fertigkeiten nicht ganz so ausgeprägt sein, kaufen Sie am besten Glasflaschen mit Bügelverschluss. Wenn der Orangenwein bald getrunken wird, eignen sich auch gut gespülte Weinflaschen mit einem Korkstopfen.

Présentation.
Den Orangenwein gut gekühlt als Aperitif oder Dessertwein servieren. Er passt übrigens auch hervorragend zu Schokoladendesserts.

PS: Besonders ambitionierte Köche machen aus den Orangenscheiben noch eine Marmelade (Seite 203).

BRANDADE „BRASSERIE LA PROVENCE“

GRATIN AUS FRISCHEM KABELJAU, KARTOFFELN UND KRÄUTERN

„Die klassische Brandade wird mit Stockfisch hergestellt.
Unserer Variante geben frische Kräuter und frischer Fisch ein wesentlich feineres Aroma.“

Marché

750 g Kabeljaufilet
1 Zwiebel
1 Knoblauchzehe
2 große Karotten
200 g Knollensellerie
1 große Lauchstange
500 g Kartoffeln
180 g Butter
500 ml Sahne
100 ml Fischfond
Salz
1 Bund Kräuter für grüne Sauce
(Petersilie, Kerbel, Schnittlauch, Sauerampfer)
Pfeffer
1 Teelöffel grober Senf
2 Esslöffel Paniermehl

Mise en place.
Das Kabeljaufilet parieren und in 2 x 2 cm große Stücke schneiden. Zwiebel und Knoblauch schälen und klein schneiden. Gemüse zu einer Brunoise verarbeiten, also sehr klein schneiden (Seite 166). Die Kartoffeln schälen und vierteln.

Réalisation.
Zwiebeln und Knoblauch in 150 g Butter anschwitzen, mit Sahne und Fischfond auffüllen, salzen, 3 Minuten köcheln lassen und dann den Fisch dazugeben. Fisch glasig garen und mit dem Schaumlöffel aus der Flüssigkeit herausheben. Nun Kartoffeln hinzugeben und weich kochen. Mit dem Schaumlöffel herausheben, durch eine Kartoffelpresse drücken und zum Fisch geben. Das Sahnegemisch durch ein Sieb geben, das herausgefilterte Gemüse zu Fisch und Kartoffeln geben. Die Kräuter für die grüne Sauce mit etwas abgetropfter Sahneflüssigkeit pürieren und ebenfalls dazugeben. Alles gut vermischen und so viel Kochflüssigkeit angießen, bis die Masse saftig, aber nicht zu flüssig ist. Mit Salz und Pfeffer abschmecken, mit einem Löffel körnigem Senf abrunden.

Masse in kleine Gratinschälchen füllen. Jeweils etwas Paniermehl und dann eine Flocke der restlichen Butter darübergeben und 10 Minuten im Ofen bei 180 °C (Umluft) gratinieren. Alternativ dazu können Sie auch die vorgegarten Gemüse von Seite 147 damit füllen.

Présentation.
Das heiße Gratin mit etwas Salat servieren.

Rezept Seite 211

COQ AU VIN „REVISITÉ"

MAISPOULARDENSUPRÊMES MIT KRÄFTIGER ROTWEINSAUCE

„Ich habe diesem Gericht durch die Verwendung von Maispoulardensuprêmes eine neue Balance gegeben. Da das Fleisch nicht im Rotwein schmort, ist es an der Zeit, das Geheimnis jeder guten Rotweinsauce preiszugeben. Egal, wie viel Rotwein Sie zu einer Sauce verarbeiten, durch das Kochen verliert er seinen typischen Charakter. Deshalb: Nachdem Sie die Sauce gebunden und abgeschmeckt haben, geben Sie neben dem Herd einen guten Schuss frischen Rotwein dazu. Einfach, aber extrem wirkungsvoll."

Marché

4 Maispoulardensuprêmes *(Seite 170)*
500 ml kräftiger Rotwein
1 Bund Suppengrün
2 Chilischoten

2 große Karotten
6 La-Ratte-Kartoffeln *(oder Bamberger Hörnchen)*
500 g Champignons
4 Schalotten
250 g durchwachsener Räucherspeck
Öl
Salz
Pfeffer
1 Teelöffel Kräuter der Provence

3 Esslöffel Honig
250 ml kräftiger Hühnerfond
Maisstärke
1 Schuss Rotwein

Mise en place.

Maispoularden in Rotwein mit geputztem Suppengrün und Chilischoten über Nacht marinieren. Am nächsten Tag Karotten und Kartoffeln mit Schale in Würfel schneiden und bissfest garen. Gut abschrecken, dann behalten sie ihre schöne Farbe. Champignons putzen und klein schneiden. Schalotten und Speck fein würfeln. Poulardenfleisch aus der Marinade nehmen, trocken tupfen und in etwas Öl kräftig anbraten. Aus der Pfanne nehmen, mit Salz, Pfeffer und Kräutern der Provence würzen und mit etwas Honig einstreichen. Marinade mit dem Hühnerfond auffüllen und 30 Minuten einkochen.

Réalisation.

Kochflüssigkeit filtern und mit Maisstärke zu einer Sauce binden (das Gemüse wegwerfen). Poulardenfleisch im Ofen bei ca. 180 °C (Umluft) ungefähr 15 Minuten goldbraun backen. In dieser Zeit den Speck mit etwas Butter in einer Pfanne auslassen, Pilze, Kartoffeln und Gemüse dazugeben, gut durchschwenken und mit Sauce ablöschen. Im letzten Moment einen guten Schuss Rotwein dazugeben und nicht mehr kochen.

Présentation.

Den Pfanneninhalt auf vier Teller verteilen und je ein Stück Maispoulardensuprême aufsetzen. Restliche Sauce extra dazu servieren.

CLAFOUTIS AUX ABRICOTS

FRISCHE APRIKOSEN IN MANDELTEIG

„Jedes französische Kochbuch enthält ein Rezept für Clafoutis. Ich habe mich für die Variante des großen Roger Vergé aus seiner Moulin de Mougins entschieden – ich finde, sie ist unschlagbar. Die Obstsorte können Sie selbstverständlich je nach Jahreszeit variieren. Sollten Sie frische Kirschen nehmen, lassen Sie die Kerne drin, denn sie geben ein besonderes Aroma. Dann aber die Gäste kurz warnen, sonst hagelt es womöglich Zahnarztrechnungen."

Marché

75 g Butter
100 g Zucker
100 ml Milch
2 Eier
1 Prise Salz
50 g Mehl
100 g gemahlene Mandeln
500 g Aprikosen
Puderzucker

Mise en place.

Eine Nussbutter herstellen – also die Butter erhitzen und leicht braun werden lassen. Beiseitestellen und etwas abkühlen lassen. Zucker, Milch, Eier, Salz, Mehl und Mandeln mit einem Handrührer gut durchmischen. Butter dazulaufen lassen. Masse 1 Stunde ruhen lassen. Aprikosen waschen, halbieren und den Kern entfernen.

Réalisation.

Die cremige Masse in eine flache Gratinform geben, die Aprikosen mit der Schnittfläche nach oben hineinsetzen und andrücken. Die Teigmasse sollte genauso hoch sein wie die Aprikosen. Im Ofen bei 180 °C (Umluft) oder unter dem Grill ca. 15 Minuten gratinieren, bis die Oberfläche schön goldgelb ist.

Présentation.

Clafoutis etwas abkühlen lassen, mit Puderzucker bestäuben und lauwarm servieren. Dazu passt jede Form von Eis.

Rezept Seite 212

Rezept Seite 214

Rezept Seite 209

Rezept Seite 207

CORNETTE GORGONZOLA-MASCARPONE

BRIKHÖRNCHEN GEFÜLLT MIT KOMPOTT AUS CAVAILLON-MELONE UND GORGONZOLA

*„Ein schnelles Dessert,
das den Klassiker ‚Melone mit Portwein' etwas abwandelt
und sich gut vorbereiten lässt."*

Marché

1 Honigmelone
(am besten Cavaillon-Melone)
¼ Wassermelone
Saft von ½ Zitrone
2 Blatt Gelatine
500 ml Portwein
4 Blätter Brikteig
4 breite Scheiben Gorgonzola-Mascarpone

Mise en place.

Melonen schälen, von Kernen befreien und mit dem Alligator (Seite 206) oder einem Messer in feine Würfel schneiden. Mit Zitronensaft vermischen. Gelatine in kaltem Wasser einweichen. 400 ml Portwein einmal aufkochen, ausgedrückte Gelatine einrühren und alles über die Melonen gießen. In ein Glas füllen und durchziehen lassen.

Réalisation.

Den Brikteig mit zwei Fingern tütenförmig in kleine Weckgläser schieben und im Ofen bei 180 °C (Umluft) 5 Minuten goldgelb backen. Abkühlen lassen. Teig vorsichtig herausnehmen.

Présentation.

Das Melonenkompott in einer Schüssel mit dem restlichen Portwein vermischen und in die Brikhörnchen füllen. Das Ganze auf eine Scheibe Käse setzen. Ein bisschen Melonensaft auf den überstehenden Käse geben.

COQUILLES EN PAPILLOTE

MUSCHELN IN PAPIER GEGART

„Mit dieser traditionellen französischen Zubereitungsart können Sie großen Eindruck schinden. Die Päckchen lassen sich gut vorbereiten und werden erst am Tisch geöffnet. Der Trick mit der gewürzten Butter hält ihre Zutaten fern von den noch lebenden Muscheln. So können Sie die Papilloten vor der Zubereitung mindestens einen Tag im Kühlschrank aufbewahren."

Marché

½ Bund Basilikum
125 g Butter
60 ml Sahne
30 ml Weißwein
Salz
Pfeffer
1 Prise Zucker
1 kg Herzmuscheln oder Miesmuscheln

4 Bogen Pergamentpapier *(ca. 40 x 40 cm)*
Küchengarn

Mise en place.

Zum Herstellen der Würzbutter wird das Basilikum fein gehackt und mit Butter, Sahne, Weißwein, Salz, Pfeffer und Zucker in einer Küchenmaschine (Messereinsatz) zu einer cremigen Masse verarbeitet. Buttermasse 2 cm hoch in eine Form streichen und im Kühlschrank fest werden lassen. Muscheln gegebenenfalls putzen, 1 Stunde in kaltem Wasser einweichen und dann gut abtropfen lassen.

Réalisation.

Muscheln auf vier Portionen aufteilen und jede Portion in die Mitte eines Blattes Pergamentpapier geben. Großzügig mit Basilikumbutterflocken bestreuen. Die vier Papierecken hochziehen, zu einer Spitze zusammendrehen und mit Küchengarn verschließen. Im Päckchen muss genug Freiraum sein, damit sich die Muscheln im heißen Dampf öffnen können. Die Päckchen im Ofen bei 180 °C (Umluft) etwa 15 Minuten backen. Die Muscheln sind fertig, wenn sie sich öffnen.

Présentation.

Je ein Päckchen auf einen tiefen Teller geben und am Tisch oben aufschneiden. Muscheln auf den Teller gleiten lassen. Dazu auf jeden Fall Baguettebrot servieren.

SOUPE AU PISTOU

PROVENZALISCHE GEMÜSESUPPE MIT PESTO

*„Diese sehr einfache Suppe hat in Südfrankreich eine große Tradition.
Der Geschmack steht und fällt natürlich mit der Verwendung eines erstklassigen Pestos.
Ich würde Ihnen für dieses Rezept auf jeden Fall Nicolas' Pistou empfehlen,
aber Ihrer eigenen Fantasie soll das keine Grenzen setzen.
Auf jeden Fall die Suppe nach Zugabe des Pestos nicht mehr erhitzen."*

Marché

2 große Karotten
½ Knolle Sellerie
1 Stange Lauch
4 Esslöffel frische Erbsen
(oder TK-Erbsen)
50 g Kaiserschoten
2 Tomaten
1 Liter Gemüse- oder Kalbsbrühe
4 Esslöffel Pistou
(Seite 150)

Mise en place.
Gemüse bis auf die Tomaten putzen und alles in etwa erbsengroße Stücke schneiden. Tomaten blanchieren, die Haut abziehen, durchschneiden, aushöhlen und ebenfalls in kleine Würfel schneiden. Das Innere der Tomaten anderweitig verwenden.

Réalisation.
In die kochende Brühe zunächst die Karottenwürfel geben, kurz aufkochen lassen. Das andere Gemüse in der angegebenen Reihenfolge hinzufügen und köcheln lassen: Sellerie 2 Minuten, Lauch 1 Minute, Erbsen 1 Minute, schließlich die Kaiserschoten 1 Minute. Suppe vom Herd ziehen und Tomatenwürfel zugeben. Das klingt kompliziert, ist aber die schnellste Art, jede Gemüseart optimal zu garen.

Présentation.
Auf einen tiefen Teller einen Esslöffel Pistou geben und die heiße Suppe darübergießen. Kurz durchrühren und sofort mit Brot servieren.

TARTE AU REBLOCHON ET ENDIVES FONDUS

REBLOCHON-TARTE MIT CONFIERTEM CHICORÉE UND GERÄUCHERTER ENTENBRUST

*„Diese Tarte ist eine echte Überraschung.
Die verschiedenen Aromen verschmelzen erst im Mund zu einem sehr
ungewöhnlichen Geschmackserlebnis.
Mit dem confierten Chicorée können Sie auch wunderbar Risottos oder Nudelgerichte würzen.
Im Glas verschlossen und im Kühlschrank aufbewahrt hält er eine Woche.“*

Marché

1 kg Chicorée
1 Esslöffel Zucker
100 ml Martini Bianco
50 ml Weißwein
60 g Butter
Salz
Pfeffer
2 Esslöffel körniger Senf

250 g Reblochon-Käse
½ geräucherte Entenbrust

Blätterteig
(Seite 144)

Mise en place.

Chicorée waschen, putzen und zu einer Chiffonade schneiden – also in feine Scheiben quer zur Frucht. In einem großen Topf Zucker mit etwas Wasser zu Karamell schmelzen, mit Martini und Weißwein ablöschen. Butter hinzugeben, alles gut vermischen und Chicorée dazugeben. Solange confieren (langsam garen), bis er ganz weich ist. Mit Salz und Pfeffer abschmecken, Senf unterrühren. Beiseitestellen oder in Gläser abfüllen.

Käse und Entenbrust in Scheiben schneiden.

Réalisation.

Blätterteig herstellen und ihm eine zusätzliche Tour geben (Seite 144). Ausrollen und in eine Tarteform (ca. 32 cm) legen. Teig mit der Gabel einstechen und Chicoréemasse großzügig darauf verteilen. Acht breite Scheiben Reblochon-Käse sternförmig darauf verteilen und die Tarte bei 180 °C (Umluft) etwa 20 Minuten goldgelb backen.

Présentation.

Entenbrust sternförmig auf der warmen Tarte verteilen. Sofort mit einem Salat servieren.

TRILOGIE DE POISSONS EN PAPILLOTE

FISCHTRILOGIE AUF SPINAT „FLORENTINE“ UND WILDREISVARIATION

„Zugegebenerweise greift dieses Rezept in seiner Komplexität nach den Sternen des französischen Gastro-Himmels – und tatsächlich handelt es sich um ein vereinfachtes Ducasse-Rezept. Aber wenn Sie das arbeitsreiche Mise en Place hinter sich haben, werden Sie reich belohnt. Nämlich mit einem eindrucksvollen Essen, das sich wunderbar vorbereiten lässt und manche Ihrer Gäste sprachlos machen wird, denn Sie haben schließlich den ganzen Abend keine fünf Minuten in der Küche verbracht.“

Marché

70 g roter Reis
70 g Wildreis
70 g Basmatireis
Salz
2 Esslöffel Olivenöl
50 g Pinienkerne
50 g Rosinen
100 ml Weißwein
2 Zwiebeln
1 Mangold
2 Romana-Salatherzen
150 g junger Spinat
2 Esslöffel Butter
200 ml Sahne
1 Esslöffel Krebsbutter
Pfeffer
4 Teelöffel Zitronensaft

4 große Scampi mit Schale
Öl
1 Schuss Pastis
1 Steinbeißerfilet *(ca. 300 g)*
1 Lachsfilet *(ca. 300 g)*
4 sehr dünne Scheiben Zitrone
1 Teelöffel brauner Zucker
Basilikumbutter
(Seite 215)

4 Bogen Pergamentpapier
(ca. 40 x 40 cm)
Küchengarn

Mise en place.

Den roten Reis 2 Stunden in Wasser einweichen. Alle drei Reissorten getrennt in Salzwasser bissfest garen. Abschrecken, zusammen mit etwas Olivenöl mischen und kalt werden lassen. Die Pinienkerne rösten. Rosinen in Weißwein aufkochen und so lange auf kleiner Flamme garen, bis der Wein komplett aufgesogen wurde. Danach Rosinen und Pinienkerne mischen. Zwiebeln in Würfel schneiden. Mangold waschen, das harte untere Drittel des Strunks entfernen und das obere Stück in Streifen schneiden. Salat waschen und ebenfalls quer zu Streifen schneiden. Spinat waschen und gut trocken schleudern. Zwiebelwürfel in Butter anschwitzen, Römersalat und Gemüse nacheinander dazugeben und leicht köcheln lassen. Wenn Sie das in der obigen Reihenfolge im Abstand von 2 Minuten tun, sollte jedes Gemüse den optimalen Gargrad haben. Abschließend Sahne angießen und noch einmal ganz kurz aufkochen lassen. Gemüse mit Rosinen und Pinienkernen mischen, mit Krebsbutter abrunden und mit Salz, Pfeffer und Zitronensaft abschmecken. Von den Scampi den Kopf entfernen, Panzer am Rücken einschneiden, Darm ziehen. Öl in einer Pfanne erhitzen, Scampi anbraten, salzen und mit Pastis ablöschen – Vorsicht, Flamme! Die Scampi sollten innen noch sehr glasig sein. Beiseitestellen. Steinbeißer in vier Stücke teilen, salzen und mit etwas Zitronensaft säuern. Lachs enthäuten, ebenfalls vierteilen und etwas salzen. Die Zitronenscheiben mit braunem Zucker bestreuen und mit einem Bunsenbrenner karamellisieren. Geschafft!

Réalisation.

Legen Sie die Pergamentblätter nebeneinander auf die Arbeitsfläche. In die Mitte geben Sie einen Streifen Reismischung (ca. 10 cm lang). Darauf setzen Sie in gleicher Größe einen Streifen Gemüse. Darauf legen Sie hintereinander jeweils ein Stück Lachs, einen Scampi und ein Stück Steinbeißer. Auf den Lachs kommt eine Zitronenscheibe, auf den Steinbeißer eine Nocke Basilikumbutter. Falten Sie das Backpapier über dem Gericht zusammen, verdrehen Sie die Enden rechts und links wie bei einem Bonbon und verschließen Sie sie mit Garn. Es sollte genügend Freiraum in dem Paket sein, damit der Dampf den Fisch garen kann. Diese Pakete können Sie bis zu einem Tag im Kühlschrank aufbewahren. Den Backofen auf 180 °C (Umluft) vorheizen und die Pakete auf ein Backblech legen. Etwa 15–20 Minuten garen. Der Garpunkt ist ein bisschen Vertrauenssache. Wenn Sie das Gefühl haben, dass sich im Paket genug heißer Dampf gebildet hat, ist der Fisch gar. Ein wenig hängt es natürlich auch von der Größe der Filets ab.

Présentation.

Geben Sie ein Paket geschlossen auf einen tiefen Teller. Am Tisch auf einer Seite aufschneiden und den Inhalt auf den Teller gleiten lassen. Nach Belieben mit etwas hochwertigem Olivenöl beträufeln.

Rezept Seite 218

Rezept Seite 221

Rezept Seite 221

FONDANT AU CITRON DE MENTON BRÛLÉE

GEBRANNTE ZITRONENCREME

„Durch die geschützte Lage ist Menton im Winter der wärmste Ort an der Côte d'Azur. Begünstigt durch das Klima werden dort immer noch die berühmtesten Zitronen Europas handwerklich angebaut. Seit den 1930er-Jahren feiert man deshalb La Fête du Citron. Dieses Dessert ist die etwas säuerliche Schwester einer Crème brûlée. Natürlich können Sie es mit jeder beliebigen Zitrone herstellen, aber sollten Sie mal in der Gegend sein, lassen Sie sich das einzigartig milde Aroma dieser Früchte nicht entgehen – und wenn es in Form der köstlichen Zitronenmarmelade ist."

Marché

400 g Zucker
8 Eier
200 ml Zitronensaft
100 ml Orangensaft
350 ml Sahne
1 unbehandelte Zitrone
4 Esslöffel brauner Zucker

Mise en place.
300 g Zucker mit den Eiern cremig aufschlagen, Zitronen- und Orangensaft dazulaufen lassen. Am Schluss die Sahne unterrühren. Es sollte nicht zu viel Schaum entstehen. Masse kurz ruhen lassen, den Schaum entfernen. Auf vier hohe Gratinförmchen verteilen.

Von der Zitrone vier dünne Scheiben schneiden und ganz kurz in Wasser mit dem restlichen Zucker blanchieren. Auf Küchenpapier abtropfen lassen.

Réalisation.
Die Creme im Wasserbad im Ofen bei 160 °C (keine Umluft) etwa 20 Minuten stocken lassen. Fertig ist sie, wenn sich beim Anstoßen in der Mitte ein kleiner, noch weicher Kreis zeigt (Kerntemperatur ca. 75 °C). Vollständig auskühlen lassen.

Présentation.
Eine Zitronenscheibe auflegen, mit braunem Zucker bestreuen und mit einem Bunsenbrenner karamellisieren. Sofort servieren.

TARTE AUX POMMES ET GLACE FRUIT ROUGES

PROVENZALISCHER APFELKUCHEN MIT WALDBEERENEIS

„Französischer Apfelkuchen mit Eis ist wohl eines der typischsten Desserts der Grande Nation. Aber wer hat schon immer eine Eismaschine zur Hand? Mit einem kleinen Trick stellen Sie auch zu Hause ohne Maschine leckere und luftige Eissorten her. Lassen Sie bei den Aromen Ihrer Fantasie freien Lauf."

Marché

Eis:

200 ml Sahne
500 g gemischte TK-Waldbeeren
5 Esslöffel Zucker
1 Liter Vanilleeis

Apfelkuchen:

9 säuerliche Äpfel
3 Esslöffel Zucker
3 Esslöffel Butter
3 Esslöffel Apfelsaft
3 Esslöffel Calvados
Saft von 1 Zitrone
50 g gehobelte Mandeln
süßer Mürbeteig *(Seite 145)*
3 Esslöffel Aprikosen- oder Pfirsichmarmelade
einige frische Waldbeeren
Puderzucker

Mise en place.

Sahne in einem Schlagkessel halbsteif schlagen und kalt stellen. Waldbeeren gefroren mit Zucker in einer Küchenmaschine (Messereinsatz) pürieren. Schnell arbeiten. Fruchtpüree mit einem Handmixer unter die Sahne schlagen, danach das Vanilleeis einarbeiten. In einen Behälter streichen und wieder durchfrieren lassen.

Für den Apfelkuchen die Äpfel schälen und entkernen. 3 Äpfel in kleine Würfel schneiden. 2 Esslöffel Zucker mit 1 Teelöffel Wasser in einem Topf karamellisieren. 2 Esslöffel Butter, Apfelsaft und die Apfelwürfel hinzugeben und zu einem nicht zu weichen Kompott kochen. Mit Calvados aromatisieren. Die restlichen Äpfel in dünne Scheiben schneiden – mit der Aufschnittmaschine geht das wunderbar. Zitronensaft mit derselben Menge Wasser mischen, die Apfelscheiben durchziehen. Mandelblätter in der Pfanne kurz anrösten.

Réalisation.

Mürbeteig ausrollen und in eine Tarteform (ca. 32 cm) legen – bei einem Apfelkuchen ist Blindbacken nicht nötig. Apfelkompott aufstreichen, Mandeln aufstreuen, Apfelscheiben ziegelartig darauf verteilen. Mit dem restlichen Zucker bestreuen und die restliche Butter in Flöckchen darüber verteilen. Bei 200 °C (keine Umluft) im Ofen goldgelb backen. Kurz abkühlen lassen. Marmelade in der Mikrowelle leicht erhitzen und die Tarte vorsichtig damit einstreichen.

Présentation.

Die lauwarme Tarte mit einer Nocke Waldbeereneis servieren. Mit den Früchten dekorieren und mit Puderzucker bestäuben.

LA BELLE ET LA BÊTE

ENTENLEBERPARFAIT UND RILLETTE MIT LIEBESTOMATE „PROVENÇAL“

*„Dieser Klassiker ist seit dem ersten Tag auf der Speisekarte.
Wir kombinieren ihn mit Zwiebelconfit, Cornichons und Rillette.
Auf der Speisekarte heißt das – frei übersetzt – dann
‚Die Schöne und das Biest – La Belle et la Bête‘. Raten Sie mal, wer wer ist ...“*

Marché

Entenleberparfait:

250 g Entenleber
70 g Butter
1 Esslöffel Cognac
1 Esslöffel Portwein
200 g Crème fraîche
ca. 5 g Salz
Pfeffer

Liebestomate:

1 Teelöffel Sesamsaat
1 Teelöffel grobes Salz
1 Teelöffel getrocknete Anissamen
2 Umdrehungen aus der Pfeffermühle
250 g Zucker
2 Esslöffel Apfelsaft
4 Kirschtomaten

Rillette
(Seite 164)
Zwiebelconfit
(Seite 165)

Mise en place.
Leber parieren, in grobe Stücke schneiden und in der Butter bei mittlerer Hitze garen. Der Kern sollte rosa bleiben. Mit Cognac und Portwein ablöschen, in der Küchenmaschine pürieren. Durch ein Sieb streichen und abkühlen lassen.

Réalisation.
Die Lebermasse und die Crème fraîche gut verrühren, mit Salz und Pfeffer würzen und in einer Schale durchkühlen. Für die Liebestomaten Sesam, Salz, Anis und Pfeffer in einer kleinen Schale mischen. Den Zucker mit etwas Wasser zu einem hellen Karamell erhitzen. Mit Apfelsaft ablöschen und kurz zur Seite stellen. Die Tomaten jeweils auf einen kleinen Spieß schieben, einseitig mit dem Karamell glasieren und kurz in die Gewürze dippen. Karamell fest werden lassen – aber nicht in den Kühlschrank stellen, dann wird er weich.

Présentation.
Von Entenleberparfait und Rillette Nocken oder Kugeln abstechen und auf Zwiebelconfit anrichten. Die Liebestomate daraufsetzen und sofort servieren.

Rezept Seite 222

Rezept Seite 228

Rezept Seite 224

CAPPUCCINO D'HIVER EN PROVENCE

ERBSENSUPPE MIT MILCHSCHAUM

„Wenn das Hamburger Grau Ende September langsam Einzug hält, landet diese Suppe wie von Geisterhand auf der Karte. Nach dem Abschmecken der ersten Produktion nicke ich stets zufrieden und sage zu mir: ‚Echt lecker!' Dann antworten meine Jungs in der Küche grinsend: ‚Das sagst du jedes Jahr …'"

Marché

1 große Karotte
1 große Zwiebel
100 g Sellerie
2 Knoblauchzehen
500 g Lyoner Wurst
Salz
Essig
6 Pfefferkörner
1 Lorbeerblatt
150 g geräucherter Speck
je 1 Zweig Thymian und Rosmarin
125 g Butter
750 g junge Tiefkühlerbsen
1 Liter Hühnerbrühe
200 ml Weißwein
50 ml starker Pfefferminztee
200 ml Sahne
Balsamico-Essig
Zucker
Cayennepfeffer
Milch

Mise en place.

Gemüse putzen und klein schneiden. Die Lyoner Wurst in Salzwasser mit einem Schuss Essig, Pfefferkörnern und Lorbeerblatt auf kleiner Flamme gar ziehen lassen.

Réalisation.

Gemüse mit großen Stücken Speck und Kräutern in der Butter anschwitzen. 500 g Erbsen hinzufügen, kurz anziehen lassen. Mit Brühe und Wein ablöschen. 30 Minuten köcheln lassen. Speck und Kräuterzweige aus dem Topf fischen, Tee und Sahne hinzufügen, mit einem Mixstab pürieren und durch ein mittelfeines Lochsieb filtern. Restliche Erbsen blanchieren und gut abschrecken. Anschließend mit Balsamico-Essig, Salz, etwas Zucker und Cayennepfeffer abschmecken. Lyoner Wurst in Scheiben schneiden und in der Pfanne etwas anrösten. Milch wie für Cappuccino aufschäumen.

Présentation.

Wurstscheiben und die Erbsen in einen tiefen Teller geben und mit heißer Suppe auffüllen. Toppen Sie das Ganze mit etwas Milchschaum.

VINAIGRETTE VERTE

KRÄUTERVINAIGRETTE „BRASSERIE LA PROVENCE“

„Das Aushängeschild eines jeden französischen Restaurants sind seine Salatsaucen. Nach acht Jahren lüfte ich hier eines unserer Betriebsgeheimnisse.“

Marché

1 Bund grüne Kräuter
(Petersilie, Schnittlauch, Kerbel, Estragon, Sauerampfer)
100 ml Weißweinessig
1 Esslöffel Senf
5 g Salz
1 Messerspitze Cayennepfeffer
20 g Zucker
75 ml Geflügelfond
300 ml Sonnenblumenöl

Réalisation.

In einem Blender oder mit einem Mixstab die Kräuter mit dem Essig zerkleinern. Senf, Salz, Cayennepfeffer, Zucker und Geflügelfond hinzugeben und wieder mixen. Danach das Öl langsam dazulaufen lassen und wie für eine Mayonnaise aufmixen. Die Rezeptur ergibt etwa 500 ml Sauce, die sich im Kühlschrank mindestens eine Woche hält.

Présentation.

Salat niemals mit Vinaigrette übergießen, sondern erst kurz vor dem Anrichten in einer Schüssel mischen.

Rezept Seite 227

TERRINE DE POISSONS BLANCS ET SAUMON

WEISSFISCHTERRINE MIT HAUSGEBEIZTEM LACHS

*„Nichts Gekauftes schmeckt annähernd so gut wie eine selbst gemachte Fischterrine.
Der Stolz am Gelingen rundet den Geschmack ab.
Und schwierig ist dieses Rezept eigentlich auch nicht.
Achten Sie aber darauf, dass alle Zutaten beim Verarbeiten schön kalt sind.“*

Marché

4 Eier
ca. 9 g Salz
75 g Pesto *(Seite 150)*
2 Tropfen Tabasco
1 Teelöffel Zitronensaft
1 Prise Zucker
150 g gebeizter Lachs *(Seite 153)*
2 Tomaten
600 g Steinbeißerfilet
225 ml Sahne
Salat

Mise en place.

Eier, Salz, Pesto, Tabasco, Zitronensaft und Zucker in der Küchenmaschine gut durchmischen und kalt stellen. Lachs in kleine Würfel schneiden und kalt stellen. Tomaten blanchieren, das Innere und die Kerne entfernen und verbliebenes Fruchtfleisch in Würfel schneiden (Concasse). Steinbeißer putzen (Sehnen und restliche Gräten entfernen) und ebenfalls in kleine Würfel schneiden.

Réalisation.

Steinbeißer in eine Küchenmaschine mit Messereinsatz geben. Schnell und kräftig zerkleinern, dabei langsam die Sahne dazulaufen lassen. Danach die Eimischung ebenfalls dazulaufen lassen. Wenn Sie eine besonders feine Terrine möchten, sollten Sie die Mischung jetzt durch ein Sieb streichen, das muss aber nicht sein. Masse in eine gekühlte Schale geben und mit allen anderen Zutaten gut vermischen. Kleine Terrinenform (ca. 750 ml) mit Backpapier auskleiden (Rand überstehen lassen). Fischmasse einfüllen und mit Backpapier abdecken. Im Wasserbad im Ofen bei 175 °C (keine Umluft) bis zu einer Kerntemperatur von 65 °C garen. Gut durchkühlen lassen.

Présentation.

Die Fischterrine stürzen, in 1 cm breite Scheiben schneiden und auf einem Salatbouquet servieren.

JOUES DE BŒUF AIGRES

IN ROTWEIN UND BALSAMICO GESCHMORTE KALBSBÄCKCHEN MIT GEMÜSESPIESS

„Also schön sind sie wirklich nicht. Und so mancher Restaurantgast fragt sich verschämt, um welches Körperteil es sich wohl handelt. Nein, meine Damen, es ist nicht das Hinterteil. Die gehobene Gastronomie hat vor ungefähr zehn Jahren das Gericht für sich entdeckt. Viele haben in der heimischen Küchenumgebung Angst vor diesem etwas ungehobelten Stück Fleisch. Aber wenn Sie sich überwunden haben, werden Sie bestimmt mit einem seligen Lächeln Ihrer Gäste belohnt. Denn, meine Damen, es handelt sich um die Wangen."

Marché

Kalbsbäckchen:

2 kg Kalbsbäckchen
(vorbestellen)
Öl
Salz, Pfeffer
500 ml Rotwein
250 ml Balsamico-Essig
1 Bund Suppengrün
1 Gemüsezwiebel
3 Knoblauchzehen
1 Tomate
2 Chilischoten

Polenta:

250 ml Hühnerfond
250 ml Milch
125 g Polenta
30 g Parmesan
30 g Emmentaler
30 g Butter
2 Eigelb
Salz, Pfeffer, Butterschmalz

Gemüsespieß:

4 Rosenkohl
1 Kohlrabi
1 Stangensellerie
4 Cocktail-Tomaten
4 Trauben
4 Champignons
Salz, Pfeffer
eine Prise Zucker
Olivenöl

Mise en place.

Kalbsbäckchen parieren, also grob von Sehnen und äußerem Fett befreien. In Öl in einer gusseisernen Pfanne sehr heiß anbraten. Mit Salz und Pfeffer würzen. Danach in einem Plastikbehälter mit Rotwein und Essig marinieren. Suppengrün, Zwiebel und Knoblauchzehen putzen, klein schneiden, in derselben Pfanne anrösten und zu den Kalbsbäckchen geben. Tomate klein schneiden und mit den Chilischoten ebenfalls dazugeben. Mindestens eine Nacht durchziehen lassen.

Für die Polenta Fond und Milch vermischen, kurz aufkochen und unter ständigem Rühren die Polenta einrieseln lassen. Etwa 4 Minuten bei mittlerer Hitze weiterrühren und quellen lassen, bis sich größere Blasen bilden. Vom Herd ziehen. Den geriebenen Käse, Butter und Eigelbe unterrühren. Mit Salz und Pfeffer würzen. In eine kleine Kastenform füllen (ca. 500 ml) und im Ofen bei 180 °C ca. 35 Minuten backen. Abkühlen lassen.

Für die Gemüsespieße Rosenkohl, Kohlrabi und Sellerie putzen, in Stücke schneiden, bissfest garen und mit je einer Cocktailtomate, einer Traube und einem rohen Champignon aufspießen.

Réalisation.

Fleisch aus der Marinade nehmen. Marinade mit Gemüse erhitzen, die Bäckchen wieder hinzugeben und auf dem Herd oder im Ofen bei 170 °C (keine Umluft) langsam schmoren lassen. Nach 2,5 Stunden die Temperatur kontrollieren. Das Fleisch ist fertig, wenn es bei Druck nicht mehr zurückfedert (Kerntemperatur ca. 75 °C). Das Fleisch herausnehmen, die verbliebene Flüssigkeit durch ein feines Sieb geben und zu einer Sauce einkochen. Mit Salz, Pfeffer und etwas Rotwein abschmecken und binden (Seite 144). Kalbsbäckchen gegen die Faser in Scheiben schneiden und in der Sauce wieder warm werden lassen. Spieße salzen, pfeffern, etwas Zucker und Olivenöl daraufgeben und im Ofen bei 180 °C (Umluft) 10 Minuten im Ofen garen. Polenta in 1 cm dicke Scheiben schneiden und in Butterschmalz goldbraun anbraten.

Présentation.

Die Sauce als Spiegel auf den Teller geben, Polenta aufsetzen, das Fleisch um die Polenta verteilen und den Gemüsespieß quer darüberlegen.

PS: Auch wenn Sie sich normalerweise nichts aus Polenta machen: Diese werden Sie mögen.

BOUILLABAISSE „BRASSERIE LA PROVENCE"

FISCHFILETS, HERZMUSCHELN, SCAMPI UND TINTENFISCH IN KLARER FISCHSUPPE

„Diese klare Fischsuppe haben wir ordentlich mit Einlage aufgepeppt.
Schließlich haben Sie sich auch eine Belohnung verdient,
da Sie ja mittlerweile wie im Schlaf kleine Gemüsewürfel schneiden."

Marché

4 Karotten
½ Sellerieknolle
1 große Lauchstange
1 Gemüsezwiebel
1 kg Herzmuscheln
4 Scampi
Olivenöl
100 ml Martini Bianco
50 ml Orangensaft
2 Liter kräftiger Fischfond *(Seite 143)*
30 ml Pastis
2 Döschen Safranpulver
Salz
Tabasco
Essig
4 Steinbeißerfilets *(je ca. 60 g)*
4 kleine Rotbarbenfilets
200 ml Weißwein

Mise en place.
Gemüse putzen, Karotten und Sellerie zu einer feinen Brunoise (Seite 166) schneiden. Den Lauch gut waschen und bis zum Hellgrünen in dünne Ringe schneiden. Zwiebel würfeln. Muscheln 1 Stunde wässern und gut abtropfen lassen (im Kühlschrank). Scampi vorbereiten (Seite 187).

Réalisation.
Gemüse und Zwiebeln in Olivenöl farblos anschwitzen, mit Martini ablöschen, Orangensaft und Fischfond dazugeben. Gemüse bissfest garen, Pastis und Safran dazugeben. Mit Salz und Tabasco abschmecken. Beiseitestellen. Scampi kräftig in Öl anbraten, salzen und mit Pastis ablöschen.

Für die Fischfilets Salzwasser mit einem Schuss Essig zum Kochen bringen und die Fische einlegen. Etwa 10 Minuten ziehen lassen – der Fisch sollte innen noch glasig sein.

Für die Muscheln den Weißwein zum Kochen bringen und Muscheln bei geschlossenem Deckel darin dämpfen. Muscheln mit dem Sud in die Fischsuppe geben.

Présentation.
Die Fischsuppe kurz erhitzen, in sehr tiefe Teller geben, Fischfilets und Scampi aufsetzen. Dazu serviert der Provenceprofi Croûtons, Rouille (Seite 190) und geriebenen Käse.

Rezept Seite 229

UN LOUP EN AUTOMNE

SEEWOLFFILET AUF KÜRBIS-WALDPILZ-CARBONARA

„Wie stellt man eine kräftige Carbonara ohne Speck her?
Ich habe lange daran herumgetüftelt und bin auf eine verblüffende Lösung gekommen.
Diese Sauce können Sie auch zu einem Nudelgericht servieren."

Marché

1 große Gemüsezwiebel
200 g Parmesan
500 g gemischte Waldpilze
(Champignons, Morcheln, Pfifferlinge etc.)
¼ Hokkaido-Kürbis
1 geräucherte Forelle
(mit Haut)
8 Seewolffilets
Salz
1 Esslöffel Mehl
150 g Butter
Pfeffer
3 Eigelb
500 ml Sahne
100 ml kräftiger Fischfond
250 g Spaghetti
Butterschmalz

Mise en place.
Zwiebel putzen und würfeln, Parmesan fein reiben. Pilze putzen und klein schneiden, nach Möglichkeit nicht waschen. Kürbis waschen und in kleine Würfel schneiden.

Die Haut von der Forelle ziehen. Haut kurz in der Sahne aufkochen und dann wieder entfernen. Die Seewolffilets kurz waschen, trocken tupfen, salzen und leicht mit der Hautseite ins Mehl drücken.

Réalisation.
Die Zwiebelwürfel in Butter anschwitzen, Kürbis und filetierte Forelle dazugeben und 2 Minuten köcheln lassen. Dabei kräftig durchrühren. Die Pilze hinzufügen und kräftig anschwitzen. Mit der Sahne und dem Fischfond auffüllen und 5 Minuten köcheln lassen. Langsam den Parmesan einstreuen und unter ständigem Rühren schmelzen. Mit Salz und Pfeffer abschmecken, mit den Eigelben abbinden. Die Nudeln bissfest garen. Die Fischfilets auf der Hautseite in Butterschmalz kräftig anbraten, wenden und in der heißen Pfanne gar ziehen lassen.

Présentation.
Sauce behutsam erhitzen. In einer Schüssel mit den warmen Nudeln vermischen. Je ein Seewolffilet auf den Teller mit der Hautseite nach unten legen, die Nudeln darauf verteilen und das zweite Fischfilet mit der Hautseite nach oben daraufsetzen.

Rezept Seite 232

Rezept Seite 234

Rezept Seite 236

COQ AU CIDRE

IN CIDRE GESCHMORTE HÄHNCHENKEULE MIT HERBSTGEMÜSE-FRIKASSEE

„Wenn es Herbst wird, ist dieses Hühnchen ein echtes Wohlfühlgericht. Besonders interessant dabei ist die Balance zwischen der Säure des Cidre, der Süße des Apfels und dem salzigen Geschmack des Hühnerfonds. Diese drei Komponenten sind die wichtigsten Säulen der französischen Küche. Zugegeben, dann kommt meistens noch etwas Sahne dazu."

Marché

4 große Hähnchenkeulen
Butterschmalz
1 Bund Suppengrün
500 ml Cidre brut
500 ml kräftiger Hühnerfond
2 Chilischoten
2 große Karotten
1 Stangensellerie
2 Kohlrabi
2 Äpfel
Saft von ½ Zitrone
250 g Steinchampignons
200 ml Sahne

Mise en place.

Von den Hähnchenkeulen die Haut abziehen und die Keule am Gelenk in zwei Stücke teilen. Kräftig in Butterschmalz anbraten, salzen und pfeffern. Mit geputztem Suppengrün in einer Marinade aus Cidre (ein bisschen zurückhalten), Hühnerfond und Chilischoten einen Tag durchziehen lassen.

Am nächsten Tag das restliche Gemüse putzen, in mundgerechte Stücke schneiden und getrennt voneinander in Salzwasser bissfest garen. Die Äpfel schälen, ebenfalls in Stücke schneiden und in etwas Zitronenwasser einmal ganz kurz aufkochen. Champignons putzen und klein schneiden.

Réalisation.

Hähnchenkeulen in der Marinade langsam gar schmoren. Aus der Flüssigkeit nehmen und abkühlen lassen. Marinade filtern und zu einer Sauce einkochen. Sahne angießen und die Sauce binden (Seite 144). Mit Salz und Pfeffer abschmecken und das Fleisch wieder einlegen. Warm stellen. In einer Pfanne Pilze, Gemüse und Äpfel in Butterschmalz kräftig anbraten und mit dem restlichen Cidre ablöschen, etwas Sauce dazugeben und durchschwenken.

Présentation.

Den Pfanneninhalt auf vier Teller verteilen und jeweils das Ober- und Unterteil von einer Hähnchenkeule daraufsetzen.

BŒUF À LA MODE

RINDERSCHMORBRATEN MIT HOLUNDERSAUCE

*„Es gibt nur drei Geheimnisse für ein leckeres Schmorgericht: das Fleisch, das Fleisch, das Fleisch ...
In der Brasserie La Provence benutze ich grundsätzlich Rinderschaufeln.
Keine Angst vor der Mittelsehne! Bei richtiger Garung wird sie butterweich.
Ein besonderer Tipp von mir: Rinderschaufel aus Amerika, das Fleisch ist wunderbar marmoriert,
weil dort mit Mais gefüttert wird."*

Marché

1 Rinderschaufel *(ca. 2,5 kg)*
1 Bund Suppengrün
1 Zwiebel
3 Knoblauchzehen
250 ml Holundersaft
500 ml Rotwein
500 ml Rinderfond
(Seite 143)
2 Tomaten
2 Zweige Rosmarin
Öl
Salz
Pfeffer
Zucker
Demi Glace
(Seite 144)
Maisstärke
250 g Bandnudeln
1 Esslöffel Butter

Mise en place.
Die Rinderschaufel parieren, also grobes Fett und Sehnen entfernen, vor allem den Fettdeckel auf eine dünne Schicht herunterschneiden. Das Gemüse putzen, Zwiebel und Knoblauchzehen klein schneiden. 200 ml Holundersaft, 450 ml Wein und den Fond mischen. Fleisch mit den Aromaten, klein geschnittenen Tomaten und Rosmarin über Nacht darin einlegen.

Réalisation.
Am nächsten Tag das Fleisch gut trocken tupfen und kräftig in Öl anbraten. Marinade mit dem Gemüse erhitzen. Fleisch in einen Schmortopf oder eine Auflaufform aus Metall geben. So viel Marinade mit Gemüse angießen, dass das Fleisch zur Hälfte bedeckt ist. Auf kleiner Flamme oder im Ofen bei 160 °C (keine Umluft) abgedeckt schmoren, bis die Kerntemperatur nach etwa 2 Stunden bei ca. 73 °C liegt. Nach 1 Stunde das Fleisch wenden.

Rinderschaufel vorsichtig herausheben und vollständig abkühlen lassen (auch über Nacht). Verzweifeln Sie nicht an der Unansehnlichkeit des Fleischstücks, alles wird gut. Schmorflüssigkeit durch ein feines Sieb geben, wenn nötig entfetten und auf ein Drittel herunterkochen. Restlichen Rotwein und Holundersaft angießen. Mit Salz, Pfeffer und nicht zu wenig Zucker würzen, gegebenenfalls mit etwas Demi Glace abrunden und mit Maisstärke binden.

Présentation.
Die Rinderschaufel in ca. 1 cm dicke Scheiben schneiden und in der Sauce warm schmoren (ca. 15 Minuten); sie sollten nicht zerfallen. Inzwischen die Bandnudeln kochen, abgießen und durch etwas Butter und Sauce schwenken. Das Fleisch mit der Sauce auf den Nudeln servieren. Dazu Rosenkohl oder die Orangenmöhrchen von Seite 148 servieren.

MOELLEUX AU CHOCOLAT

WARMER SCHOKOLADENKUCHEN MIT FLÜSSIGEM KERN

„Ich schwöre: Solange es die Brasserie La Provence gibt, solange wird auch der warme Schokoladenkuchen auf der Karte sein. Beim Stürzen braucht es etwas Übung, sonst wird aus dem Moelleux ein Malheur au Chocolat. Ich versuche, unseren Auszubildenden immer zu erklären, sie sollen an ein frisch geschlüpftes Küken in ihrer Hand denken. Weit hergeholt? Es funktioniert, Sie werden es sehen."

Marché

Rotweineis:
300 ml Rotwein
80 g Zucker
1 Päckchen Vanillezucker
125 g weiche Butter
3 Eigelb

Schokokuchen:
3 Eier
1 Eigelb
180 g Zucker
140 g dunkle Schokolade
80 g Butter
90 g Mehl
6 Löffelbiskuits

Ganache:
100 g dunkle Schokolade
50 ml Espresso
50 ml Sahne
1 Esslöffel Zucker
1 Esslöffel Orangenmarmelade
(Seite 203)
Crème anglaise
(Seite 152)

Mise en place.
Rotweineis: 200 ml Rotwein auf 100 ml reduzieren, Zucker und Vanillezucker darin auflösen und neben dem Herd die Butter unterschlagen. Eigelbe dazulaufen lassen und das Ganze behutsam unter Rühren auf etwa 80 °C erhitzen (zur Rose abziehen). Den restlichen Rotwein dazugeben. Masse abkühlen lassen und in eine Eismaschine geben. Danach gut durchfrieren lassen. Leider funktioniert dieses Rezept nicht ohne Eismaschine, das ist aber ein guter Grund, sich eine anzuschaffen.

Schokokuchen: Eier, Eigelb und Zucker weiß aufschlagen. Die Schokolade mit der Butter langsam im Wasserbad schmelzen. Schokoladenmasse unter die Eimasse schlagen, das Mehl einarbeiten. Umfüllen und mindestens 3 Stunden ruhen lassen. Löffelbiskuits in der Küchenmaschine zu Pulver mahlen.

Ganache: Für die Füllung alle Zutaten bis einschließlich Orangenmarmelade unter ständigem Rühren im Wasserbad zu einer homogenen Masse verarbeiten. In einen Eiswürfelbehälter geben und einfrieren.

Réalisation.
Kleine Auflaufschalen gut einfetten und mit dem Gebäckpulver einstäuben. Schokoladenmasse einfüllen und einen Schoko-Eiswürfel – die Ganache – in die Mitte drücken. Oben mit Teig verschließen.

Im Ofen bei 180 °C (Umluft) etwa 15 Minuten backen. Das richtige Garen ist die eigentliche Kunst bei diesem Dessert. Am Schluss sollten noch etwas roher Teig in der Mitte und der Eiswürfel geschmolzen sein. Übung macht ja bekanntlich den Meister. Und auch wenn es mal schiefgeht, es schmeckt immer.

Présention.
Crème anglaise als Spiegel auf einem Teller verteilen. Den Kuchen nach dem Backen 3 Minuten ruhen lassen. Hand mit einem Küchenhandtuch schützen. Die Form in die Hand nehmen, am Innenrand vorsichtig mit dem Messer entlangfahren. Küchlein in die andere Hand gleiten lassen (Heiß!) und vorsichtig – denken Sie an das Küken – auf den Teller setzen. Dazu eine Kugel Rotweineis servieren.

FLAMMERIE PROVENÇALE

GEBRANNTE GRIESSCREME MIT GEWÜRZKARAMELLKRUSTE

„Denken Sie bei diesem Dessert bloß nicht an Omas Grießbrei, vor dem Ihnen immer noch graust. Denken Sie lieber an ein luftiges Dessert, dessen Duft Sie sofort in vorweihnachtliche Freude versetzt. À ne pas manquer!“

Marché

1 Vanillestange
250 ml Milch
60 g Zucker
1 Teelöffel fein geriebene Zitronenschale
1 Teelöffel fein geriebene Orangenschale
30 g Weichweizengrieß
3 Eigelb
3 Blatt Gelatine
200 ml Sahne
2 Esslöffel brauner Zucker
1 Teelöffel Lebkuchengewürz

Réalisation

Vanillestange aufschlitzen, Mark und Schale in die Milch geben. Zusammen mit Zucker, Zitronen- und Orangenschale aufkochen lassen. Vanillestange entfernen und den Grieß unterrühren. Unter ständigem Rühren behutsam köcheln lassen, bis die Masse eindickt. In den heißen Grieß Eigelbe und danach die eingeweichte Gelatine einrühren. Abkühlen lassen. Wenn die Masse Zimmertemperatur erreicht hat, Sahne halbsteif schlagen und unterheben. In eine kleine Terrinenform oder feuerfeste Dessertschälchen füllen und kalt stellen.

Présentation.

Zucker und Lebkuchengewürz mischen und auf den Flammerie streuen. Kurz aufweichen lassen und mit dem Bunsenbrenner karamellisieren.

GERD GEORGE
— FOTOGRAF —
DER IN DER REGEL EHER FÜR ACTIONREICHERE SUJETSGESUCHTE, ERFAHRENE MANN AUS SCHWABEN HAT SICH DEN KRASSEN HERAUSFORDERUNGEN DER „STILL-LIFE-FOTOGRAFIE“ FURCHTLOS GESTELLT UND WÜRDE ES JEDERZEIT WIEDER TUN.
ELKE RÜSS → STYLING
DIE STUDIERTE KOSTÜMBILDNERIN UND FREIE STYLISTIN KANN MIT FUG + RECHT BEHAUPTEN NUN IN DER DISZIPLIN „STILLLEBEN MIT ESSBAREM“ EINEN EHRENDOKTOR ZU HABEN.
URSULA RITTER
— ART DIRECTION —
DIE IN DRINGENDEN REKLAMEANGELEGENHEITEN TRÈS, TRÈS, TRÈS BESCHÄFTIGTE HAMBURGER GESTALTERIN HATTE LUST UND LAUNE ZUM AUSGLEICH MAL TAG + NACHT AN EINEM SCHÖNEN BUCH ZU ARBEITEN.

Ausgeheckt in Hamburg und Grasse. *Gekocht und fotografiert in Frankreich, Italien und an der Waterkant.*
Gestaltet und geschrieben zwischen Hölle (Ostfriesland), Hell's Kitchen *(New York)*
sowie unter den Himmeln über der Hansestadt, über Grimaldi Superiore *und* Nice.
Gequält wurde ausgesprochen viel für dieses Buch, jedoch niemals Tiere, immer nur Menschen.

MErCi.

Wo wäre man ohne die anderen? Mutterseelenallein mit seinen ganzen *idées.* Irgendwo in der französischen Provinz. Und ziemlich weit davon entfernt, ein Buch zu realisieren.

Merci, **Christian Bengsch!** Ohne unseren Mann an der *riviera* hätte dieses Buch maximal vier Seiten und nicht eine einzige Abbildung. Geduldiger und sanfter als Chris kann man nicht energisch und unerschrocken sein. Lässiger nicht straff organisiert. Tadelloser beherrscht niemand die *improvisation.* Er kann Schlösser herbeizaubern und Katzen. Kluge Esel, komische Autos und anhaltende Hochs, Stromanschlüsse in Lavendelfeldern und, wenn es sein muss, sogar Schusswaffen. Aber das haben wir jetzt nicht geschrieben. 7seasproductions.com

Bisou, **Irina Ruppert.** Ohne Irina, die aus alter Verbundenheit zu Elke Rüss ihre rechte, linke und dritte Hand war, würden wir noch immer in den 472.346 Kisten voller *props* herumwühlen. Um aufzuzählen, was Irina außer *styling,* Automechanik, Stickerei und Elektrotechnik noch alles kann, bräuchten wir 20 Extraseiten. Fotografieren kann sie auch: irinaruppert.de

Merci, **Nikola David Maric.** Wir dachten ja, den unersetzlichen Jungkoch der *Brasserie La Provence* erwartet in Südfrankreich eine noch härtere Reifeprüfung als am Ende seiner dreijährigen Ausbildung. Aber *pas du tout!* Genauso routiniert wie vor der Handelskammer *rogert* er die *grand cuisine* auch in Hühnerställen,Werkstätten und Garagen, auf staubigen Strandparkplätzen und in *châteaux.* Er hält größter Hitze und größtem Hickhack stand und als ehemaliger Jungfilmemacher ist er am *set* ebenso zu Hause wie im rauen Küchen*milieu.*

Merci, **Florian Bison.** Müsste man auch nur halb so viel im Kopf haben wie Georges Assistent, bräuchte man dafür schon zwei Assistenten. *Le Bison* beeindruckt außerdem mit seiner Gabe, keine Gelegenheit auszulassen, sich nicht aufzuregen, ein *grand gentleman* zu sein, und sein geschmeidiger Stil, mit dem er viel zu große Fahrzeuge auf viel zu schmalen, viel zu kurvigen, steilen Sträßchen fortbewegt, ist, mit Verlaub, filmreif.

Merci, **Anja Hamann.** Es braucht Größe, kurz vor dem Abschluss in ein laufendes Projekt einzusteigen. Als wir an der *Côte du Gris,* dem letzten *sujet* des Buches, ohne *styling* zu stranden drohten, ist Anja unerschrocken an *bord* geklettert, um uns zu retten.

Merci beaucoup, **Marie-Christine und Louis Caviglione.** In ihrem bezaubernden *Château Moissac* (Baujahr 1630) entstanden die Dior- und die Windsor-Geschichte – unter hemmungslosem Einsatz vorgefundener Requisiten. Ihnen verdanken wir auch die Bekanntschaft mit Roquette, der königlichsten Eseldame Frankreichs.

Danke, Ingo von Dahlern. Wir konnten es kaum glauben, dass wir einfach so, ganz unbeaufsichtigt, in seinem *palazzo* in Cannetto unter den Augen von Cavour und Vittorio Emanuele unsere *mafia sets* aufbauen durften. Die Nachbarin zur Rechten versorgte uns mit Strom und Birnen und überließ uns zum Kochen die *garage.* Der Nachbar zur Linken, **Eugenio Lavagna,** ließ uns in sein neues Bad. Von Dahlerns Enkel **David** und **Leon Miller** versorgten uns mit frischen Fotofeigen und entlockten Nachbarin Nummer drei fotogene Stallhasen. Und zu verdanken ist all das **Marina Bretschneider** – die kennt sich in Italien aus!

Merci, **Ute Wurm.** Hauptberuflich kümmert sich Frau Wurm um Liguriens herrschaftliche Gärten. Und wenn es ihrem Freund George hilft, leiht sie ihm heimlich Siegerpokale, Motorradklamotten und Rennfahrerfotos von ihrem Mann Gianni Ferrarese, der in den 70ern italienische Meisterschaften fuhr – und gewann!

Merci, **Familie Nicole Moulin und Jean-Marie Bourjac.** Ohne den Bürgermeister von *Sainte-Croix* und seine freundlichen Bürger hätten wir uns das Lavendelfeld malen müssen, in dem es zur Kollision zwischen einem *Simca Matra* und 78 Melonen kommt. *Merci* auch für Strom vom Campingplatz!

Kusje, **Pim de Jongh!** Der Künstler war von unserem Picasso-*atelier-shooting* in seiner Malschule nicht sonderlich beeindruckt. Schließlich hat er eine halbe Ewigkeit als Food-Fotograf und Stylist seine *brioches* verdient. Wir umgekehrt sind sehr beeindruckt von ihm. Er weiß, wie man die Schnittkante von Fleisch erfrischt, und kann *très cool* am *piano* improvisieren.

Embrassement, **Eliane Serafino.** *Madame* war ein einziger Glücksfall. Auf ihrem Bauernhof in *Saint Andrieux* gab es zur *illustration* von Picassos Umzug hinter einem halb geöffneten Scheunentor zufällig die erforderlichen alten Automobile und außerdem auch jede Menge Boxenluder: junge Hühner.

Merci, **Stephane Mendonca und Begood, die Katz.** Für die Darstellung einer herrenlosen, hungrigen *Mouginser* Dorfkatze können wir dem Kater Begood und seinem *coach* nicht genug danken. Ach gäbe es bei den Filmfestspielen von *Cannes* doch bloß die Kategorie *„Best Cat"!*

Merci, **Yann.** *Vis à vis* vom *Port d'Olivette* von *Juan-les-Pins,* neben dem überwucherten Tennisplatz, gegenüber der *Villa Aujourd'hui,* ist die *garage* von Yann. Und die hat eine Steckdose. Im Hinterhof ist eine *toilette.* Dass wir das alles benutzen durften, war sehr nett. Und es war essenziell ...

Merci, **Pauline Müller.** Mit diesem Mädchen vor der Kamera kann man nur berühmt werden. Überzeugend als Nixe und als *Hollywood-Star,* ganz ohne Allüren.

An dieser Stelle muss dringend auch der glücklichen Fügung gedankt werden, die immer wieder für das harmonische Zusammentreffen von scheinbar Unpassendem sorgt.

Dafür schon, Dirk Friedrichsen und Anne, *sin Fru.* Nicht selbstverständlich, dass der amtliche Bezirksschornsteinfegermeister von Jenfeld uns Zylinder, Besen und Uniform leiht. Sauber!

Echt cool, 711 rent, Hamburg. Wir behalten den kulturfördernden Mietpreis, für den ihr uns das *équipement* überlassen habt, wirklich für uns. Kein Wort. Zu niemandem. Versprochen!

Wunderschönen Dank, Birgit Menzel, für feinfühligste Bepuschelung der ach so vielen und auch ach so rohen Bilddaten mit zarter Hand und auch für unermüdlichen, nahezu selbstlosen Einsatz – aus Liebe zur Sache und Spaß an der Freud.

Ach, Julia Behrendt! Es brannte – und wer fackelt nicht lang? *Merci* für furchtloses Fotoassistieren an der *Côte du Gris.* Als eine mehr als steife Brise blies …

Ihr seid feine Kerle, Patrick Schröder und Ralf Seelig. Für euren unermüdlichen und nicht reproduzierbaren Beistand im Ergründen der Unergründlichkeiten technisch sauberer Reinzeichnung, *merci!*

***Merci,* Ziege.** Ein unzickigeres *double* für Picassos Ziege Esmeralda hätten wir uns nicht wünschen können.

À votre santé ! Dass die Produktion des Kochbuchs keine allzu trockene Angelegenheit wurde, ist der Großzügigkeit von handverlesenen Winzern zu verdanken, deren Weine Boris und Stephan in der *brasserie* ausschenken. Nach getaner Arbeit haben wir manchmal ein halbes, dreiviertel Gläschen geleert und gelegentlich haben wir sogar daran gedacht, eine *bouteille* ins Foto zu stellen.

***Merci,* Brad Pitt und Angelina Jolie,** *Château Miraval, Correns-Var.* Ihr bester *rosé* heißt Pink Floyd. Die Band hat dort 1978 *„The Wall“* aufgenommen.

Merci, **Michael Latz,** *Domaine des Aspras, Correns.* Das Weingut gehört dem im Kongo geborenen Bürgermeister mit deutsch-jüdischen Wurzeln. Er hat Aspras zum „*1er Village BIO de France*" gemacht.

Merci, **Linda Schaller,** *Château Les Crostes, Lorgues.* Sie arbeitet mit großem *engagement* am *renommée* der *Provence*weine und hat dabei noch ganz *en passant* der *brasserie* zu ihrem Hauswein verholfen.

Merci, **Thérèse de Gasquet und Adeline de Barry,** *Château de Saint Martin, Taradeau.* Das Weingut ist seit 300 Jahren in der Hand von Frauen!

Merci, **Bengt Sundstrom,** *Château Vignelaure, Rians,* auf deren Etikett ein Satz steht, den nicht nur Weintrauben unterschreiben können: „*Sans le soleil, je ne suis rien.*"

Merci, **Mats Wallin,** *Château l'Arnaude, Lorgues.* Trotz der *yeux doux* der schönen Damen auf dem Etikett nicht nur ein „Herrenwein".

Merci, **Henning Hoesch,** *Domaine Richeaume, Puyloubier,* der schon Bioweine machte, als es das Wort noch nicht gab. Und das als Mitglied einer *dynastie* von Chemiefabrikanten.

Merci, **Jacqueline Guichot,** *Domaine de Saint Ser, Puyloubier,* die im Schatten der *Montagne Sainte-Victoire*-Weine bereitet, an denen Cézanne seine wahre Freude hätte.

Und *merci,* Moulin d'Opio. Mit diesem Olivenöl, das nach einer ganzen provenzalischen Blumenwiese duftet, verfeinert die *Brasserie La Provence* ihre Speisen.

Merci, **Michael, Hamid, Manfred, Egbal, Katja, Cécile, Edwige, Monika,** sagen Stephan und Boris – dafür, dass ihr die *brasserie* seit so vielen Jahren mit Hingabe und *énergie* zu einem unverwechselbaren Ort macht.

INDEX

Impressum

Originalausgabe Becker Joest Volk Verlag

1. Auflage Juni 2013
ISBN *978-3-938100-84-4*

Text, Umschlagfoto *Judith Stoletzky*
Fotografie *Gerd George*
Rezepte *Stephan Hippe*
Layout, typografische Gestaltung,
Artdirection *Ursula Ritter*
Initiative und Impulse *Boris Krivec*
Styling *Elke Rüss / liganord*
Bildbearbeitung *Birgit Menzel*
Produktion (Shooting) *Chris Bengsch / 7seas*
Satz, Lithografie *Makro Chroma Joest & Volk OHG,*
Werbeagentur, Hilden
Lektorat *Doreen Köstler*
Lektorat Rezepte *Martin Lagoda*
Druck *Grafiche Flaminia, Trevi, Italien*

BRASSERIE LA PROVENCE
Eulenstraße 42, 22765 Hamburg
www.brasserielaprovence.de

BECKER
JOEST
VOLK
VERLAG